TARTES SANS MOULE

SUCREES et SALEES

型なしタルト

シュクレ＆サレ

渡辺麻紀

CONTENTS

- 4 PROLOGUE 型なしタルトとは？
- 6 生地の包み方／折り方バリエーション
- 8 タルト生地のバリエーション
  黒砂糖／スパイス＆ハーブ／白ごま／全粒粉／ココア／紅茶
- 9 クリームバリエーション
  クレーム・ダマンド／クレーム・パティシエール／クレーム・シャンティイー

■ TARTES SUCREES
タルト・シュクレ

- 10 **タルト・シュクレ 基本の生地**
- 12 いちごにバルサミコとそのソース
- 13 タルト・オ・ポワール（洋梨のタルト）
- 16 紅玉とアーモンドにマスカルポーネ
- 18 マシュマロレモン
- 20 フランボワーズとショコラのタルトレット
- 22 桃とサワークリーム　紅茶の風味
- 24 ブルーベリーレモン
- 25 オレンジとヘーゼルナッツクリーム
- 26 ベイクドチーズにモカオレンジクリーム
- 27 しょうが風味のショコラクリーム
- 28 栗とカフェ
- 29 小豆と抹茶にママレード
- 32 かぼちゃのカルダモンクリーム
- 34 チェリーと黒こしょう
- 36 バナナとマシュマロにピーカンナッツ、ナツメグ風味
- 38 アプリコットと白ごまクリーム

■ TARTES SALEES
タルト・サレ

- 40 **タルト・サレ 基本の生地**
- 42 ドライいちじくとブルーチーズ、ビーツにはちみつ
- 43 ベーコンとプルーンにナツメグ
- 46 にんじんとレーズンに塩味のクレーム・ダマンド
- 48 ほうれん草、チキン、アーモンドのキッシュ風
- 50 じゃがいもとりんごにクミン

52	グリーンピースと空豆、パンチェッタにシェーブルチーズ
54	なすとひき肉にヨーグルト
56	長ねぎとハムにレモン
	焼き豆腐にとうもろこしと枝豆、黒こしょう
57	3色のパプリカと白身魚にタプナード
	帆立とマッシュルーム、カレー風味
60	トマトと白いんげん豆、ソーセージにバジルペースト
62	さつまいもとハムにゴーダチーズ
64	アボカドと海老にごま

TARTES PLATES
タルト・プラット

66	**タルト・プラット 基本の生地**
68	いちごとブルーベリー、ホワイトチョコレートとヨーグルトのクリーム
70	バナナと塩キャラメルクリーム
72	ぶどうと白ワインのジュレ
74	フレッシュマンゴーとマンゴークリーム
75	キウイと練乳ホイップクリーム
76	グレープフルーツとクレーム・レジェール
77	パイナップル、黒砂糖風味のタルト
78	いちじくとバルサミコ

[この本のルール]
- 大さじ1＝15ml　小さじ1＝5ml　1カップ＝200ml　（1ml＝1cc）
- 塩は粗塩タイプのものを、こしょうは特に表記がないものは粒白こしょうをペーパーミルで挽いて使用。
- 卵はM玉を使用。正味約50gとする。
- 砂糖はブラウンシュガー（きび砂糖）、グラニュー糖、粉糖などを使用。
　レシピ中のブラウンシュガーは、好みでグラニュー糖におきかえてもよい。
　グラニュー糖にすると、フルーツや生地、クリームの色が美しく発色したり、甘みもすっきりする。
　粉糖は、生地がさっくり焼き上がり、クリームがふんわり仕上がる。
- バターは食塩不使用のものを使用。
- オリーブオイルは、エクストラ・バージンオリーブオイルを使用。
- 生クリームは特に表記のない場合、乳脂肪分35～36％の動物性のものを使用。
- 各レシピの材料表に記載のサイズは、タルトの焼き上がり時の目安です。
- タルト生地は、焼く前に必ず30～40分冷やし、生地を落ち着かせる。
　冷やさずに焼いてしまうと生地がだれて、焼いている途中に広がってしまうことがある。
- フライパンは、フッ素樹脂加工のものを使用。
- オーブンはガスファンオーブンを使用。メーカーや機種によってくせがあるので、
　焼成温度や時間はレシピを目安とし、使用するオーブンの様子をみながら加減する。
- オーブンは必ず指定温度に予熱する。
- ケーキクーラーの上で冷ます時には、焼いたタルトの底面がしけないよう、オーブンペーパーをはずす。
- 室温は、25～27℃くらいを想定。

PROLOGUE
型なしタルトとは？

「タルト」というと、専用の型や重石が必要で、生地をきれいに敷きこんだり、
下焼きしたり……と難しい印象がありますが、この本で紹介するのは
型を使わずに作る「型なしタルト」。
生地で具材を包み込んで焼き上げるだけ、というシンプルなものです。
大きめの具材をたっぷりと包み、下焼きなしで作るものを中心に
その大きさに合わせて、そして、作る楽しみも増えるよう
いくつかの仕上げ方のバリエーションも考えました。
生地の端を折って下焼きし、ぽろぽろと小さめの具材を少量でも
生地とバランスよく食べられるよう合わせたり、とろりとしたクリームをたっぷり流し入れたり。
もっと簡単に手軽にできるよう、平らに焼き上げて
クリームとフレッシュフルーツをたっぷりのせる、そんなアレンジもあります。

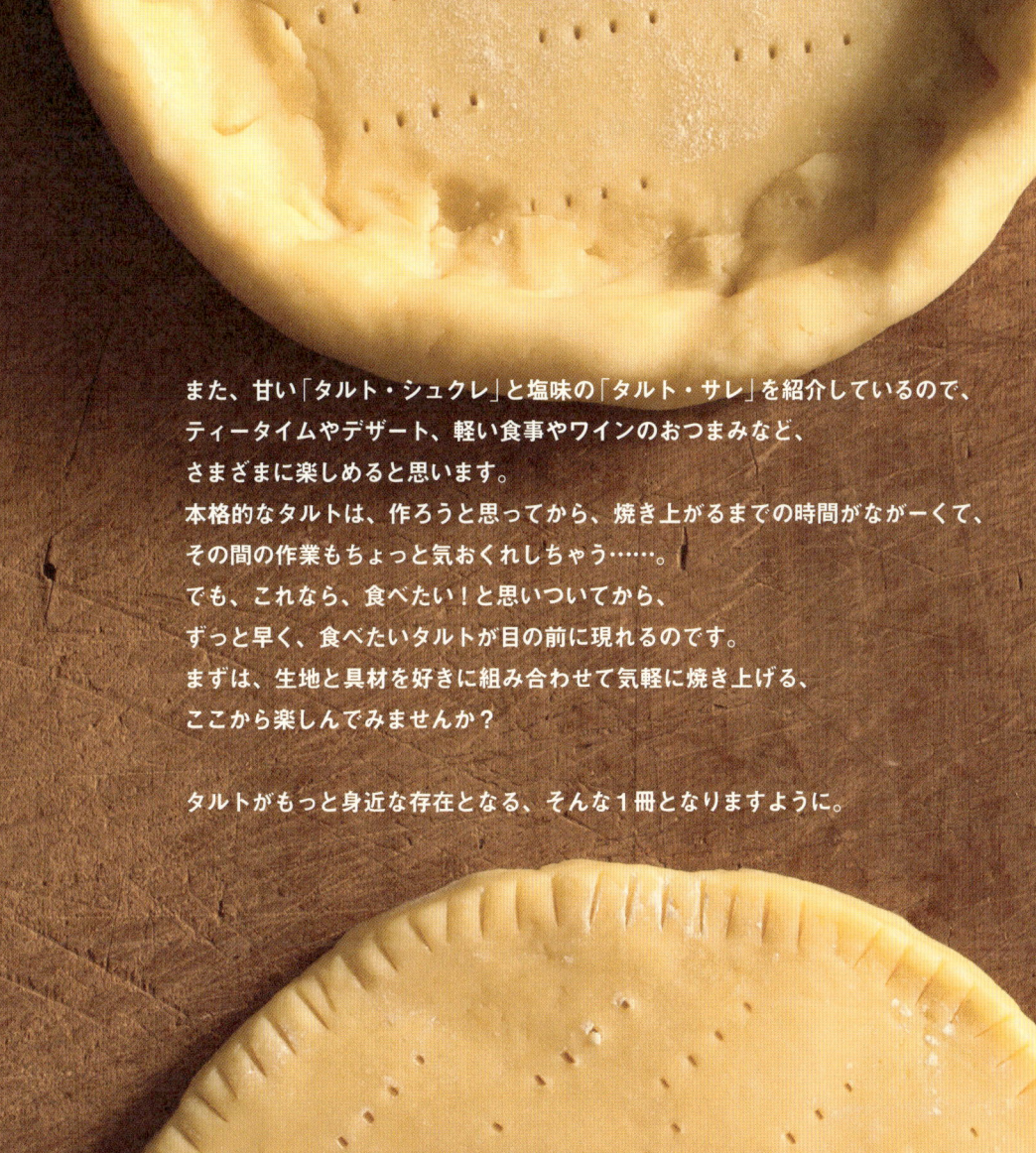

また、甘い「タルト・シュクレ」と塩味の「タルト・サレ」を紹介しているので、
ティータイムやデザート、軽い食事やワインのおつまみなど、
さまざまに楽しめると思います。
本格的なタルトは、作ろうと思ってから、焼き上がるまでの時間がなが〜くて、
その間の作業もちょっと気おくれしちゃう……。
でも、これなら、食べたい！と思いついてから、
ずっと早く、食べたいタルトが目の前に現れるのです。
まずは、生地と具材を好きに組み合わせて気軽に焼き上げる、
ここから楽しんでみませんか？

タルトがもっと身近な存在となる、そんな1冊となりますように。

1 生地の包み方／折り方バリエーション

この本では、タルト生地を以下の方法で成形しています。

A タイプ

具材を大きめにしたり、たっぷりと具材を使いたい時は、大胆に包みましょう。
つまんだり、折りたたんだり、お好みで。焼き上がりがしっかりし、見た目にも変化が。

1
つまむ
オーブンペーパーにのせた生地に具材をのせる。

2
具材を包み込むように縁を4cmほど起こしてつまむ。

3
つまむ時は、生地どうしが離れないようにぎゅっと押さえる。

4

1
折る
オーブンペーパーにのせた生地に具材をのせる。

2
具材を包み込むように縁を4cmほど起こして折りたたむ。

3
たたむ時は、生地どうしが離れないように押さえる。

4

B タイプ

具材が豆のようにぽろぽろしたものの時や量が少ない時は、生の生地と一緒に
焼き上げると先に中身が焦げてしまうので、生地だけ先に下焼きしてから使います。

1
オーブンペーパーにのせた生地の縁から2cmのところに水をつける。

2
縁を2cmほど内側に倒して押さえる。

3
指先で斜めに押さえ、生地をその指先にかぶせるように内側に折って押さえる。

4
2〜3をくり返す。

5
粉をつけたフォークで底面に空気穴をあけ、冷蔵庫で30〜40分冷やす。

6
下焼きする。スプーンの背などで底面の生地の盛り上がりを押して平らにする。

> 縁の折りたたみ方は自由に楽しんで！

やわらかい具材もOK！

C タイプ

やわらかいクリームやアパレイユを流し込みたい時は、生地の縁を指で起こして、壁を作って深さを出し、下焼きしてから使います。

1 オーブンペーパーにのせた生地の縁から2cmのところに水をつける。

2 縁を2cmほど起こす。

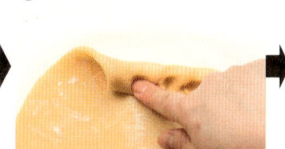

3 起こした生地の端を内側に倒して、水をつけた部分にしっかりつける。

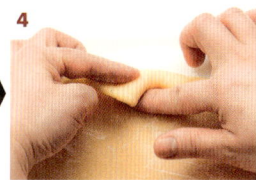

4 折った生地をその指先にかぶせるようにさらに折る。

5 2〜4をくり返して縁をつくる。

6 縁をしっかり起こして固め、丸く整える。

7 粉をつけたフォークで底面に空気穴をあけ、冷蔵庫で30〜40分冷やす。

8 下焼きする。スプーンの背などで底面の生地の盛り上がりを押して平らにする。

D タイプ

フレッシュなフルーツやクリームを楽しみたい時に。平らにのばした生地を下焼きしてから使います。

1 丸形　オーブンペーパーにのせた生地の縁に、粉をつけたフォークの先を押しつける。

2 生地の縁を一周し、模様をつける。

3 粉をつけたフォークで底面に空気穴をあけ、冷蔵庫で30〜40分冷やす。

4 下焼きし、天板にのせたまま粗熱を取ってから、ケーキクーラーにのせる。

1 波形　オーブンペーパーにのせた生地の縁を指先でつまむ。

2 調理台の端において作業をすると、つまみやすい。

3 粉をつけたフォークで底面に空気穴をあけ、冷蔵庫で30〜40分冷やす。

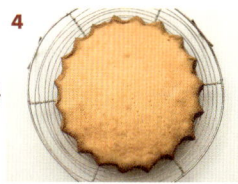

4 下焼きし、天板にのせたまま粗熱を取ってから、ケーキクーラーにのせる。

黒砂糖生地
プレーンのシュクレ生地に黒砂糖を加えたもの。コクと独特の香りが生まれる。P.77の「パイナップル、黒砂糖風味のタルト」で使用。

スパイス&ハーブ生地
プレーンのシュクレ生地にスパイスを加えたもの。P.34の「フランボワーズとショコラのタルトレット」で使用。またタイムなどハーブを加えることもできる。

白ごま生地
プレーンのシュクレ生地にすりごまを加えたもの。P.43の「ベーコンとプルーンにナツメグ」で使用。

ココア生地
プレーンのシュクレ生地にココアパウダーを加えたもの。ビターで大人っぽい味に。P.27の「しょうが風味のショコラクリーム」で使用。

全粒粉生地
プレーンのサレ生地の一部を全粒粉に置き換えたもの。タルト・サレによく合う。P.56の「長ねぎとハムにレモン」で使用。

紅茶生地
プレーンのシュクレ生地に紅茶の茶葉を加えたもの。ひと口ごとに、紅茶の香りが立ち上る。茶葉の細かいティーバッグの使用をおすすめ。P.22の「桃とサワークリーム紅茶の風味」で使用。

2
タルト生地のバリエーション

ここでは、基本の生地をベースにアレンジした6種の生地を紹介しています。具材や好みに合わせて自由に組み合わせて楽しんでみてください。

3 クリームバリエーション

この本では、主に以下の3種類のクリームをベースにしています。

クレーム・ダマンド （アーモンドクリーム）

■ 材料（でき上がり量110g）
バター（食塩不使用） 30g ／粉糖 30g ／卵 ½個／
アーモンドパウダー 30g

■ 下準備
・バターは室温にしておく。
・粉糖は使う直前にふるう。

1 ボウルにバターを入れ、泡立て器でクリーム状に練り、粉糖を加えてよく混ぜる。
2 溶いた卵を3～4回に分けて、すり混ぜる。加えるたびによく混ぜること。
3 アーモンドパウダーを加えてさらにすり混ぜる。
⇒冷蔵庫で3日ほど保存可能。
ラップに包んで冷凍もできる。約2週間保存可。

クレーム・パティシエール （カスタードクリーム）

■ 材料（でき上がり量240g）
卵黄 2個／グラニュー糖 50g／薄力粉 大さじ1（6g）／
コーンスターチ 小さじ2（4g）／バニラスティック ⅙本／
牛乳 250ml

＊写真は倍量で作っています。

■ 下準備
・薄力粉とコーンスターチを合わせてふるっておく。

1 ボウルに卵黄とグラニュー糖の半量を入れ、泡立て器で白っぽくなるまでよく混ぜる。
2 1に粉類を入れ、さらに白っぽくなるまで混ぜる。
3 小鍋に牛乳と残りのグラニュー糖、さやからかき出したバニラビーンズを入れ、中火にかける。時々混ぜてグラニュー糖を溶かす。
4 3が軽く沸いたら火を止め、2に静かに加え混ぜる。
5 4を鍋に戻して中火にかけ、泡立て器で混ぜながらとろみをつける。ふつふつと噴火口のようになったらでき上がり。
6 すぐに氷水にあてたボウルにあけ、ゴムべらで絶えず混ぜながら冷ます。
⇒作り立てを使うのがおすすめ。
すぐに使わない時は、固くならないよう表面に
ラップをぴったりつけておく。冷凍は不可。

クレーム・シャンティイー （ホイップクリーム）

■ 材料
生クリーム 100ml ／グラニュー糖 10g

1 生クリームとグラニュー糖を入れたボウルを、氷水にあてる。泡立て器で空気を含ませるようにリズミカルに泡立てる（写真の状態を参考に）。
⇒時間がたつと分離して口当たり、見た目ともによくないので、使う直前に泡立てるのがおすすめ。

TARTES SUCREES

タルト・シュクレ基本の生地

甘いタルト『タルト・シュクレ』の基本の生地です。
口の中でほろほろとくずれていく食感がポイント。この食感を生み出す秘訣は、
やわらかくクリーム状にしたバターを使い、生地を練らないこと。

■ **材料**（直径22cm 1台分）

バター（食塩不使用）　50g
粉糖　40g
卵　1個
Ⓐ ┌ 薄力粉　150g
　├ ベーキングパウダー　小さじ¼
　└ 塩　少々

■ **下準備**

・バターは室温にし、ゴムべらで練ってクリーム状にする。
・粉糖をふるう。
・Ⓐを合わせてふるう。

1 ボウルに、クリーム状にしたバターを入れ、ふるった粉糖も加える。

2 泡立て器で、よくすり混ぜる。

3 溶いた卵を3〜4回に分けて加え、そのつど手早く混ぜる。
⇒分離してしまったら、すぐ次のプロセスへ移りましょう。

4 ふるったⒶを3に加えて、ゴムべらで切るように混ぜる。
⇒ここで練ってしまうと、焼き上がりの生地がかたくなってしまうので注意。

5 ボウルの中でひとまとめにする。ところどころ、粉が見えていてもかまわない。

6 台に生地を置き、手のつけ根で力を入れずに大きく生地をのばす。
⇒粉とバターの混ぜむらがないか確認し、むらがあったら手のつけ根ですりつぶして、生地をなじませる。

7 生地をカードなどで集める。
⇒手の温かさで生地がだれると扱いにくくなるので、カードなどを使うのがおすすめ。

8 直径15cmほどの円盤状に整えたら打ち粉（分量外）をしたラップの上に置き、上からも打ち粉（分量外）をし、ラップを重ねる。

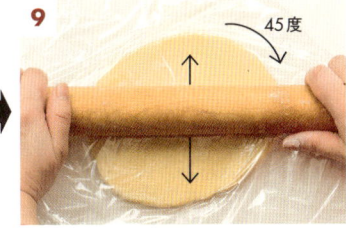

9 麺棒で直径22cmほどの円形に広げる。この時、45度ずつ時計まわりに生地をまわしながらのばすと、きれいな円形になる。
⇒麺棒は常に自分と並行に置き、生地の中心から上下へ動かすとよい。

10 ラップごと天板やまな板など平らなものの上にのせ、冷蔵庫で1時間休ませる。ひと晩寝かせるとなおよい。

> **memo**
> 生地は冷凍もできます。
> のばした生地をラップに包んだまま保存袋に入れ、冷凍庫で2週間ほど保存できます。まとめて作り置きしておけば、食べたいと思ったら具材を準備するだけ。すぐ作れるので便利です。

いちごにバルサミコとそのソース

(P.14)

タルト・オ・ポワール（洋梨のタルト）
(P.15)

いちごにバルサミコとそのソース

いちごは砂糖とまぶし、水分を除いてから焼くのがポイント。
加熱したいちごは、甘みと香りが濃厚になります。

■ **材料**（直径18cm 1台分）
いちご　約15粒
ブラウンシュガーA　大さじ5
バルサミコ酢　大さじ1
◎クレーム・マスカルポーネ
　[クレーム・パティシエール（P.9）　全量
　 マスカルポーネ　80g
ブラウンシュガーB　大さじ1〜2
タルト・シュクレの生地（P.10）　1枚

1　いちごはへたを取り、横に4等分に切る。ボウルに入れ、ブラウンシュガーAとバルサミコ酢をまぶして室温で1時間おく。時々混ぜる。この時出た果汁といちごは分けておく。
2　**クレーム・マスカルポーネを作る**：ボウルにクレーム・パティシエールを入れ、マスカルポーネを加えて混ぜる。
3　**成形する**：オーブンペーパーの上に生地を置く。中心に**2**を広げ（**a**）、**1**のいちごをのせる（**b**）。生地で包み（P.6 Aタイプ）、冷蔵庫で30〜40分冷やす。
4　**焼く**：**3**を天板にのせ（**c**）、ブラウンシュガーBを好みの量（いちごの甘さで決める）ふりかける。180℃に予熱したオーブンで25〜30分焼く。天板の上で粗熱を取り、ケーキクーラーに移して冷ます。
5　**4**に**1**のいちごの果汁を器に入れて添え、かけて食べる。

a

b

c

タルト・オ・ポワール（洋梨のタルト）

フランスのお菓子屋さんでも昔から定番の組み合わせ。
アーモンドの風味と洋梨の香りがよく合います。

■ **材料**（直径18cm 1台分）
洋梨（シロップ漬け・缶詰）　4個
◎クレーム・ダマンド（P.9）　全量
粉糖　適量
溶かしバター（食塩不使用）　大さじ1
タルト・シュクレの生地（P.10）　1枚

1 洋梨は、横に1mm厚さに切り、キッチンペーパーの上にそっとのせ、写真のように置いて汁けをきる（**a**）。
2 **成形する**：オーブンペーパーの上に生地を置く。中心にクレーム・ダマンドを広げ（**b**）、**1**の洋梨を中心が少し重なるようにのせる（**c**）。生地で包み（P.6 Aタイプ）、冷蔵庫で30～40分冷やす。
3 **焼く**：**2**を天板にのせ（**d**）、溶かしバターを洋梨にまわしかける。180℃に予熱したオーブンで25～30分焼く。焼き上がったら、天板の上で粗熱を取り、ケーキクーラーに移し、冷ます。仕上げに粉糖をふる。

a

b

c

d

紅玉とアーモンドにマスカルポーネ

紅玉は加熱すると甘酸っぱさや、やわらかい食感が楽しめるのでおすすめ。
マスカルポーネをクリームチーズやサワークリームにかえてもおいしい。

■ **材料**（直径18cm 1台分）

りんご（紅玉）　3個
バター（食塩不使用）A　20g
ブラウンシュガーA　大さじ3
アーモンドパウダー　大さじ3
レモン果汁　小さじ1
マスカルポーネ　50g

ブラウンシュガーB　大さじ1
バター（食塩不使用）B　10g
タルト・シュクレの生地（P.10）　1枚

1　りんごは皮をよく洗う。1個のりんごのうち、⅔個は芯を取り、皮付きのまま薄切りにする。残った⅓個は3等分のくし形に切り、芯を取る。

2　りんご2個は、皮付きのまま8等分のくし形に切り、芯の部分を取り除く。中火で熱したフライパンにバターAを溶かし、くし形に切ったりんご（**1**でくし形に切ったものも合わせる）とブラウンシュガーAを入れてソテーする。りんごがやわらかくなったら、火を止めてアーモンドパウダーとレモン果汁をふり混ぜ、冷ます。

3　**成形する**：オーブンペーパーの上に生地を置く。中心に**2**をのせ、マスカルポーネをところどころに置き、**1**の薄切りにしたりんごを上面に少しずつずらしながらのせる（**a**）。生地で包み（P.6 Aタイプ）、冷蔵庫で30～40分冷やす。

4　**3**を大板にのせ、ブラウンシュガーBをりんごにふりかけ、バターBを手でちぎってところどころにのせる（**b**）。

5　**焼く**：**4**を180℃に予熱したオーブンで25～30分焼く。焼き上がったら、天板の上で粗熱を取り、ケーキクーラーに移し、冷ます。

a

b

マシュマロレモン

レモンタルトを簡単に作りたくて、イタリアンメレンゲのかわりにマシュマロを使いました。焼き立てでも、冷ましてからでも、どちらでもおいしくいただけます。

■ **材料**（直径18cm 1台分）
◎レモンクリーム
　卵黄　2個
　グラニュー糖　50g
　Ⓐ ┌ 薄力粉　大さじ1（6g）
　　└ コーンスターチ　小さじ2（4g）
　牛乳　200ml
　バニラスティック　⅙本
　Ⓑ ┌ レモン果汁　大さじ2
　　└ 国産レモンの皮のすりおろし　½個分
マシュマロ　50g
タルト・シュクレの生地（P.10）　1枚

1 **下焼きする**：生地の端を折りたたみ（P.7 Cタイプ）、天板にのせる。180℃に予熱したオーブンで20分焼く（**a**）。

2 **レモンクリームを作る**：ボウルに卵黄とグラニュー糖の半量を入れ、泡立て器で白っぽくなるまでよくすり混ぜる。ここに、合わせてふるったⒶを入れ、まんべんなく混ぜる。泡立て器からとろりと落ちてくるぐらいまで混ぜるとよい。

3 小鍋に牛乳と残りのグラニュー糖、さやからかき出したバニラビーンズを入れ、中火にかける。時々混ぜてグラニュー糖を溶かす。軽く沸いたら、**2**に加えながら混ぜる。

4 **3**を小鍋に戻し入れ、中火にかけ、泡立て器で撹拌しながらとろみをつける。ふつふつと噴火口のようになったら火から下ろし、Ⓑを加え混ぜる。

5 **成形する**：**1**の下焼きしたタルト生地に**4**のレモンクリームを手早く流し入れて表面をならし（**b**）、マシュマロを全面にのせる（**c**）。

6 **焼く**：180℃に予熱したオーブンで8〜9分焼く。マシュマロに焼き色がついたらでき上がり。天板の上で粗熱を取り、ケーキクーラーに移し、冷ます。

a

b

c

フランボワーズと
ショコラのタルトレット

小さなタルトのことをタルトレットといいます。
このタルトは、スパイスを加えた生地で作ります。ジャムは好みのものにかえても。

■ **材料**（直径8cm 4台分）
ビターチョコレート（板チョコレートを使用） 50g
フランボワーズジャム 大さじ8
⇒自家製の場合：memo 参照
◎タルト・シュクレの生地（P.10） スパイス風味
┌ バター（食塩不使用） 50g
│ ⇒室温にし、ゴムべらで練ってクリーム状にする。
│ 粉糖 40g
└ 卵 1個

Ⓐ ┌ 薄力粉 130g
　 │ アーモンドパウダー 20g
　 │ ベーキングパウダー 小さじ¼
　 │ 塩 少々
　 │ シナモンパウダーパウダー、
　 └ 　クローブパウダー 各小さじ¼
国産レモンの皮のすりおろし ½個分

1 **タルト・シュクレの生地 スパイス風味をP.11を参照して作る**：Ⓐをよく合わせてふるい、さらにレモンの皮のすりおろしを加え混ぜる。あとは同じ。ただし、作り方8で生地を4等分して、9でそれぞれ直径約12cmにのばす。

2 **成形する**：オーブンペーパーの上に生地を置く。中心に手で2cm角に割った板チョコレートを¼量ずつのせ、さらにジャムも¼量ずつのせる(**a**)。生地で包み（P.6 Aタイプ）(**b**)、冷蔵庫で30〜40分冷やす。

3 **焼く**：2を天板にのせ(**c**)、180℃に予熱したオーブンで約20分焼く。天板の上で粗熱を取り、ケーキクーラーに移し、冷ます。

a

b

c

memo
自家製フランボワーズジャムの作り方
（作りやすい分量）
冷凍ラズベリー 250g
ブラウンシュガー 80g
レモン果汁 大さじ1

1 厚手の鍋にすべての材料を入れて混ぜ、30分おく。
2 1を中火にかけ、沸騰したらアクを取り除きながら、時々混ぜつつ、約15分加熱する。
3 火を止めてそのまま冷ます。
⇒保存する場合は、清潔な耐熱性の保存容器に熱いうちに入れてふたをし、そのまま冷ます。

桃とサワークリーム
紅茶の風味

桃にサワークリームの酸味があいまって、かろやかな味わい。
ひと口ごとに、紅茶の香りがふわっと広がります。

■ **材料**（直径18cm 1台分）

白桃（シロップ漬け・缶詰） 1缶（正味250g）

◎アパレイユ

　サワークリーム　50g
　薄力粉　大さじ1
　卵黄　1個
　ブラウンシュガー　大さじ2

タルト・シュクレの生地（P.10）紅茶風味　1枚
⇒ただし、下準備でふるった Ⓐ に紅茶の葉ティーバッグ1個分
（2g=小さじ1½）を包丁で細かく刻んで加え、よく混ぜる。
あとの作り方は同じ。＊ここでは、アールグレイの茶葉を使用。

1　白桃はキッチンペーパーの上にのせ、汁けをきる。
2　**アパレイユを作る**：ボウルにサワークリームを入れ、薄力粉をふるい入れてゴムべらで混ぜる。卵黄とブラウンシュガーも加えて混ぜる。ラップをして室温におく。
3　**成形する**：オーブンペーパーの上に生地を置く。中心に**2**を大さじ1広げ（**a**）、白桃を写真のように重ねてのせる（**b**）。生地で包み（P.6 Aタイプ）、冷蔵庫で30〜40分冷やす。残りの**2**はラップをして室温にしておく。
4　**焼く**：**3**に、残りの**2**を手早く流し入れ（**c**）、天板にのせる（**d**）。180℃に予熱したオーブンで25分焼く。天板の上で粗熱を取り、ケーキクーラーに移し、冷ます。

a

b

c

d

ブルーベリーレモン

ここで使うクリームのフランジパーヌは、クレーム・ダマンドと
クレーム・パティシエールを合わせたもの。クラシックなレシピです。

■ **材料**（直径18cm 1台分）

◎ フランジパーヌ
　クレーム・パティシエール（P.9）　半量
　クレーム・ダマンド（P.9）　全量

⇒ P.9のクレーム・ダマンドの材料の
アーモンドパウダーの分量を40gにする。

ブルーベリー　½ カップ（70g）
レモンの果肉　¼ 個分（粗く刻む）
タルト・シュクレの生地（P.10）　1枚

1 **フランジパーヌを作る**：クレーム・パティシエールにクレーム・ダマンドを加え、泡立て器で混ぜる。
2 1にブルーベリーとレモンの果肉を加え、ゴムべらでさっくり混ぜる。
3 **成形する**：オーブンペーパーの上に生地を置く。中心に **2** を広げる（**a**）。生地で包み（P.6 Aタイプ）、冷蔵庫で30～40分冷やす。
4 **焼く**：**3** を天板にのせ（**b**）、180℃に予熱したオーブンで25～30分焼く。天板の上で粗熱を取り、ケーキクーラーに移し、冷ます。

　a

　b

オレンジとヘーゼルナッツクリーム

オレンジは、あえて下ゆでをせずシロップで直接煮て苦味も楽しみましょう。
ヘーゼルナッツパウダーはアーモンドパウダーにかえてもおいしいです。

■ **材料**（直径18cm 1台分）

◎ヘーゼルナッツクリーム
- バター（食塩不使用）　60g
  ⇒室温にし、ゴムべらで練ってクリーム状にする。
- ブラウンシュガー　60g
- 卵　1個
- ヘーゼルナッツパウダー　60g
- サワークリーム　50g

オレンジのシロップ煮　小2個分
⇒作り方memo参照

ピスタチオの粗みじん切り　小さじ½

タルト・シュクレの生地（P.10）　1枚

1 **右記memoを参照してオレンジのシロップ煮を作る**：オレンジのシロップ煮は形のきれいなものを14枚取り置き、残りは水けをよくきって、包丁で細かく刻む。

2 **ヘーゼルナッツクリームを作る**：クレーム・ダマンド（P.9）の材料のアーモンドパウダーをヘーゼルナッツパウダーに、粉糖をブラウンシュガーに置きかえて混ぜる。

3 2にサワークリームと1で刻んだオレンジを加えてゴムべらで混ぜ合わせる。

4 **成形する**：オーブンペーパーの上に生地を置く。中心に3を広げ、1の取り置いたオレンジの汁けをきり、ずらして重ねながらぐるりとのせていく（**a**）。生地で包み（P.6 Aタイプ）、冷蔵庫で30～40分冷やす。

5 **焼く**：4を天板にのせ、180℃に予熱したオーブンで25～30分焼く。天板の上で粗熱を取り、ケーキクーラーに移し、冷ます。ピスタチオを全体に散らす。

a

memo
オレンジのシロップ煮の作り方
オレンジ　小2個
グラニュー糖　オレンジの重量の半量
水　適量

1 オレンジは皮をよく洗い、ごく薄い輪切りにする。
2 オレンジが隠れるくらいの水とグラニュー糖を入れ、中火にかける。
3 グラニュー糖が溶けたら、いったん火を止めてオレンジを入れ、キッチンペーパーをかぶせて中火にかける。
4 沸騰したら弱火にし、ふたを少しずらしてのせ、オレンジの白い部分が半分透明になるまで煮る。火から下ろしてそのまま冷ます。

ベイクドチーズにモカオレンジクリーム

チーズクリームとオレンジ風味のモカクリームがよく合います。
作り立てのふわふわ感を味わうのも、しばらく冷やしてなじんだしっとり感も、
それぞれ違ったおいしさ。

■ **材料**（直径18cm 1台分）

◎チーズクリーム
- クリームチーズ　150g
  ⇒室温にしておく。
- 卵　1個
- ブラウンシュガーA　30g
- コーンスターチ　10g
- レモン果汁　小さじ1

◎モカオレンジクリーム
- インスタントコーヒー　小さじ1½
- 熱湯　小さじ1
- 生クリーム　150ml
- ブラウンシュガーB　30g
- グランマルニエ（またはコアントロー）　小さじ1

タルト・シュクレの生地（P.10）　1枚

1. **チーズクリームを作る**：ボウルにクリームチーズを入れ、泡立て器で練る。ブラウンシュガーAとコーンスターチ、溶きほぐした卵を順に加えてそのつどよく混ぜる。レモン果汁を加え、混ぜる。
2. **成形する**：オーブンペーパーの上に生地を置く。中心に**1**を広げる（**a**）。生地で包み（P.6 Aタイプ）、冷蔵庫で30〜40分冷やす。
3. **2**を天板にのせ（**b**）、180℃に予熱したオーブンで20〜25分焼く。天板の上で粗熱を取り、ケーキクーラーに移し、完全に冷ます。
4. **モカオレンジクリームを作る**：インスタントコーヒーを熱湯で溶かす。生クリームにブラウンシュガーBを入れて氷水にあて、泡立て器で泡立てる（P.9）。もったりしてきたら、コーヒーとグランマルニエを加え8分立てにする。
5. **3**の上に**4**をのせて、ゴムべらの角でちょんちょんとツノを立てていく（**c**）。

a

b

c

しょうが風味のショコラクリーム

まろやかなミルクチョコレートとしょうがは
意外にもよく合う組み合わせ。
ココアを加えた生地で作ります。

■ **材料**（直径18cm 1台分）

◎ しょうが風味のショコラクリーム
- 製菓用ミルクチョコレート（カカオ成分39％） 180g
- 生クリーム 100ml
- バター（食塩不使用） 20g
  ⇒室温にし、ゴムべらで練ってクリーム状にする。
- しょうがのすりおろし 小さじ1

ココア 適量
タルト・シュクレ生地（P.10）
  ココア風味 1枚
⇒ただし、基本の生地の薄力粉の分量を140gにしてココアパウダー10gを加える。

1 **下焼きする**：生地の端を折りたたみ（P.7 Cタイプ）、天板にのせる。180℃に予熱したオーブンで20分下焼きし、ケーキクーラーに移して冷ましておく。

2 **しょうが風味のショコラクリームを作る**：チョコレートを刻んでボウルに入れる。小鍋で生クリームを沸騰直前まで温め、しょうがを加えて混ぜる。これをチョコレートに少しずつ加えて泡立て器で混ぜ（**a**）、なめらかになったらバターを加えてさらに混ぜる。

3 冷めないうちに手早く1に流し入れ、ゴムべらで表面をならし（**b**）、冷暗所か冷蔵庫で冷やし固める。食べる直前にココアを茶こしでふりかける。

a

b

栗とカフェ (P.30)

小豆と抹茶にママレード (P.31)

栗とカフェ

マロンクリームとマスカルポーネを加えて作るリッチなレシピ。
渋皮煮は、栗の甘露煮にかえてもおいしい。

■ **材料**（直径18cm 1台分）

◎アーモンドマロンクリーム
　バター（食塩不使用）　60g
　　⇒室温にし、ゴムべらで練ってクリーム状にする。
　ブラウンシュガー　60g
　卵　1個
　アーモンドパウダー　80g
　マロンクリーム（缶詰）　70g
　　＊今回はクリーミーで甘い『SABATON マロンクリーム』
　　（ネットショップなどでも購入可）を使用。
　マスカルポーネ　40g

インスタントコーヒー　小さじ1
栗の渋皮煮（瓶詰）　8粒
タルト・シュクレの生地（P.10）　1枚

---

1. **アーモンドマロンクリームを作る**：ボウルにバターとブラウンシュガーを入れ、泡立て器ですり混ぜる。溶いた卵を3〜4回に分けて混ぜる。アーモンドパウダーを加え、さらに混ぜる。それぞれを加えるたび、よく混ぜること。
2. **1**にマロンクリーム、次いでマスカルポーネを加え、そのつど、よく混ぜる。
3. **成形する**：オーブンペーパーの上に生地を置く。中心に**2**を広げ、インスタントコーヒーをふりかける（**a**）。栗の渋皮煮を置き、指で軽く押す（**b**）。生地で包み（P.6 Aタイプ）、冷蔵庫で30〜40分冷やす。
4. **焼く**：**3**を天板にのせ（**c**）、180℃に予熱したオーブンで25分焼く。天板の上で粗熱を取り、ケーキクーラーに移し、冷ます。

a

b

c

小豆と抹茶にママレード

抹茶や小豆の和素材に、
ママレードの風味でアクセントを加えます。

■ **材料**（直径18cm 1台分）
◎抹茶クリーム
　バター（食塩不使用）　60g
　　⇒室温にし、ゴムべらで練ってクリーム状にする。
　ブラウンシュガー　60g
　卵　1個
　アーモンドパウダー　60g
　抹茶　大さじ1
小豆（水煮・缶詰）　100g
ママレード　大さじ3
タルト・シュクレの生地（P.10）　1枚

---

1 抹茶クリームを作る：ボウルにバターとブラウンシュガーを入れ、泡立て器でよくすり混ぜる。溶いた卵を3〜4回に分けて混ぜる。加えるたび、よく混ぜること。

2 抹茶とアーモンドパウダーを合わせてふるい、**1**に加え、さらに混ぜる。

3 **2**に小豆（水けが多いようなら、よくきる）を加えてゴムべらでさっくり混ぜる。

4 成形する：オーブンペーパーの上に生地を置く。中心にママレードを広げ（**a**）、さらに**3**をのせる（**b**）。生地で包み（P.6 Aタイプ）、冷蔵庫で30〜40分冷やす。

5 焼く：**4**を天板にのせ（**c**）、180℃に予熱したオーブンで25〜30分焼く。天板の上で粗熱を取り、ケーキクーラーに移し、冷ます。

a

b

c

かぼちゃのカルダモンクリーム

かぼちゃは、できるだけ水分の少ない種類を選んでください。
カルダモンは、シナモンパウダーにかえてもおいしい。

■ **材料**（直径18cm 1台分）
◎かぼちゃのカルダモンクリーム
- かぼちゃA（種とワタと皮の部分を取り除いて）　正味200g
- カルダモン　3粒
- ブラウンシュガー　30g
- 牛乳　50ml
- 生クリーム　50ml

かぼちゃB（5mm厚さのくし形）　8枚
溶かしバター（食塩不使用）　大さじ1
タルト・シュクレの生地（P.10）　1枚

---

1. **かぼちゃのカルダモンクリームを作る**：カルダモンは薄皮をむき、中の種をすりつぶし、薄皮も含めてすべて鍋に入れる。
2. かぼちゃAは2cm角に切り、1の鍋にブラウンシュガー、牛乳とともに入れ、ふたをして弱火にかける。焦げないよう時々混ぜながら、かぼちゃがくずれるくらいまで煮る。
3. かぼちゃがやわらかくなったら火を止め、木べらなどで練り混ぜ、生クリームを加え混ぜたら、室温まで冷ます。カルダモンの薄皮は取り除き、洗って飾り用に取り分けておく。
4. かぼちゃBは竹串がすっと通るまで蒸すか、ざっとぬらして耐熱容器に入れてラップをし、電子レンジで加熱する。
5. **成形する**：オーブンペーパーの上に生地を置く。中心に**3**のかぼちゃのカルダモンクリームを広げ（**a**）、その上に**4**のかぼちゃを写真のようにのせる（**b**）。生地で包み（P.6 Aタイプ）、冷蔵庫で30〜40分冷やす。
6. **焼く**：**5**を天板にのせ（**c**）、溶かしバターをかぼちゃにまわしかけたら、180℃に予熱したオーブンで25分焼く。天板の上で粗熱を取り、ケーキクーラーに移し、冷ます。カルダモンの薄皮を飾る。

チェリーと黒こしょう

焼き立ての熱々にバニラアイスをのせて、食べるのもおすすめ。
少し贅沢に、野生のチェリーのシロップ漬け
「グリオッティーヌ」で作るとさらにおいしくなります。

■ **材料**（直径10cm 2台分）
チェリー（シロップ漬け・缶詰）　30粒
黒こしょう（粒）　10粒
◎サワー・アーモンドクリーム
　クレーム・ダマンド（P.9）　全量
　サワークリーム　50g
ブラウンシュガー　大さじ1
タルト・シュクレの生地（P.10）　1枚
（好みで）バニラアイス　適宜

1 **タルト・シュクレの生地をP.11を参照して作る**：ただし作り方8で生地を2等分し、9でそれぞれ直径14cmに広げる。あとは同じ。
2 **サワー・アーモンドクリームを作る**：クレーム・ダマンドとサワークリームを泡立て器で混ぜ合わせる。
3 チェリーは、キッチンペーパーなどの上にのせて汁けをきる（**a**）。黒こしょうの粒を鍋の底などで粗くつぶす。
4 **成形する**：オーブンペーパーの上に生地を置く。中心に2のクリーム、チェリーをそれぞれ半量ずつのせ、ブラウンシュガーと黒こしょうも半量ずつふる（**b**）。生地で包み（P.6 Aタイプ）、冷蔵庫で30〜40分冷やす。
5 **焼く**：4を天板にのせ（**c**）、180℃に予熱したオーブンで25分焼く。天板の上で粗熱を取り、ケーキクーラーに移し、冷ます。

a　b 　c

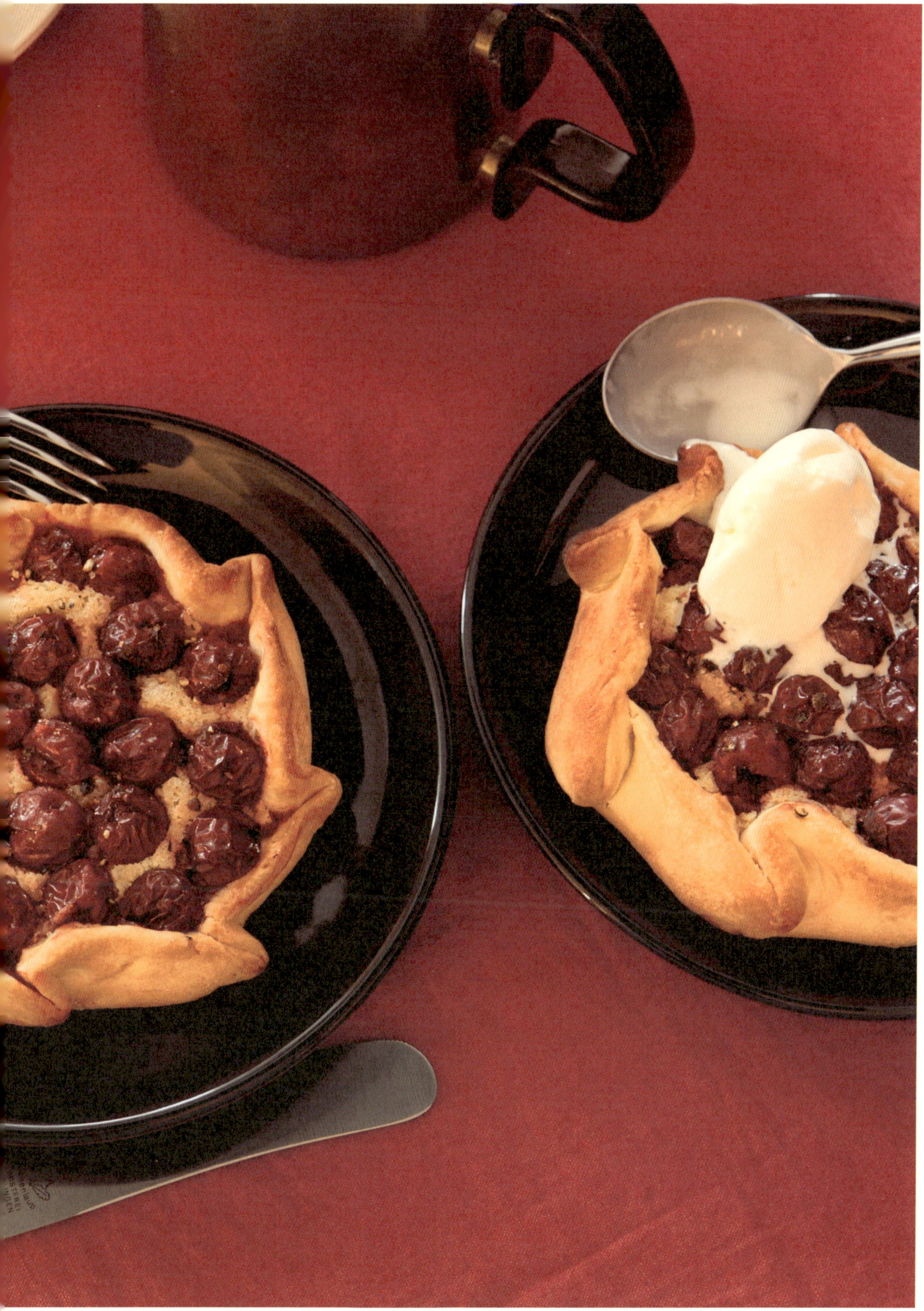

TARTES SUCRÉES

バナナとマシュマロに
ピーカンナッツ、ナツメグ風味

加熱してねっとり甘みが強くなったバナナをたっぷり使います。
ナツメグパウダーのかわりに、シナモンパウダーを使ってもおいしい。

■ **材料**（直径18cm 1台分）
バナナ（熟したもの）　3本
バター（食塩不使用）　10g
ブラウンシュガー　大さじ3
マシュマロ　30g
ナツメグパウダー　少々
ピーカンナッツ　10粒
タルト・シュクレの生地（P.10）　1枚

1 バナナは皮をむき、3cm長さに切る。中火でフライパンを熱し、バターを入れて溶かし、バナナ、ブラウンシュガー、マシュマロを入れて混ぜながらソテーする。マシュマロと砂糖が溶けてバナナにからんだら、火を止めてナツメグパウダーをふり入れ、完全に冷ます。

2 **成形する**：オーブンペーパーの上に生地を置く。中心に **1** をのせピーカンナッツを散らす（**a**）。生地で包み（P.6 Aタイプ）（**b**）、冷蔵庫で30～40分冷やす。

3 **焼く**：**2** を天板にのせ（**c**）、180℃に予熱したオーブンで25分焼く。天板の上で粗熱を取り、ケーキクーラーに移し、冷ます。

アプリコットと白ごまクリーム

甘酸っぱいアプリコットと白ごまを加えたクリームの組み合わせ。
白ごまクリームはクレーム・ダマンド（P.9）にかえてもおいしい。

■ **材料**（直径18cm 1台分）
アプリコット（シロップ漬け・缶詰）　15個
ブラウンシュガー　大さじ1
◎白ごまクリーム
　バター（食塩不使用）　30g
　　⇒室温にし、ゴムべらで練ってクリーム状にする。
　ブラウンシュガー　40g
　卵　½個
　Ⓐ　アーモンドパウダー　20g
　　　白すりごま　10g
タルト・シュクレの生地（P.10）　1枚

1　アプリコットは、キッチンペーパーなどの上にのせて汁けをよくきる。
2　**白ごまクリームを作る**：Ⓐはよく混ぜておく。ボウルにバターとブラウンシュガーを入れて泡立て器でよくすり混ぜる。溶きほぐした卵を3～4回に分けて加えながら、混ぜる。加えるたびによく混ぜること。そこにⒶを加えて、さらによく混ぜる。
3　**成形する**：オーブンペーパーの上に生地を置く。中心に**2**を広げ（**a**）、その上に**1**のアプリコットを写真のようにのせる（**b**）。生地で包み（P.6 Aタイプ）、冷蔵庫で30～40分冷やす。
4　**焼く**：**3**を天板にのせ（**c**）、ブラウンシュガーをふりかける。180℃に予熱したオーブンで25分焼く。天板の上で粗熱を取り、ケーキクーラーに移し、冷ます。

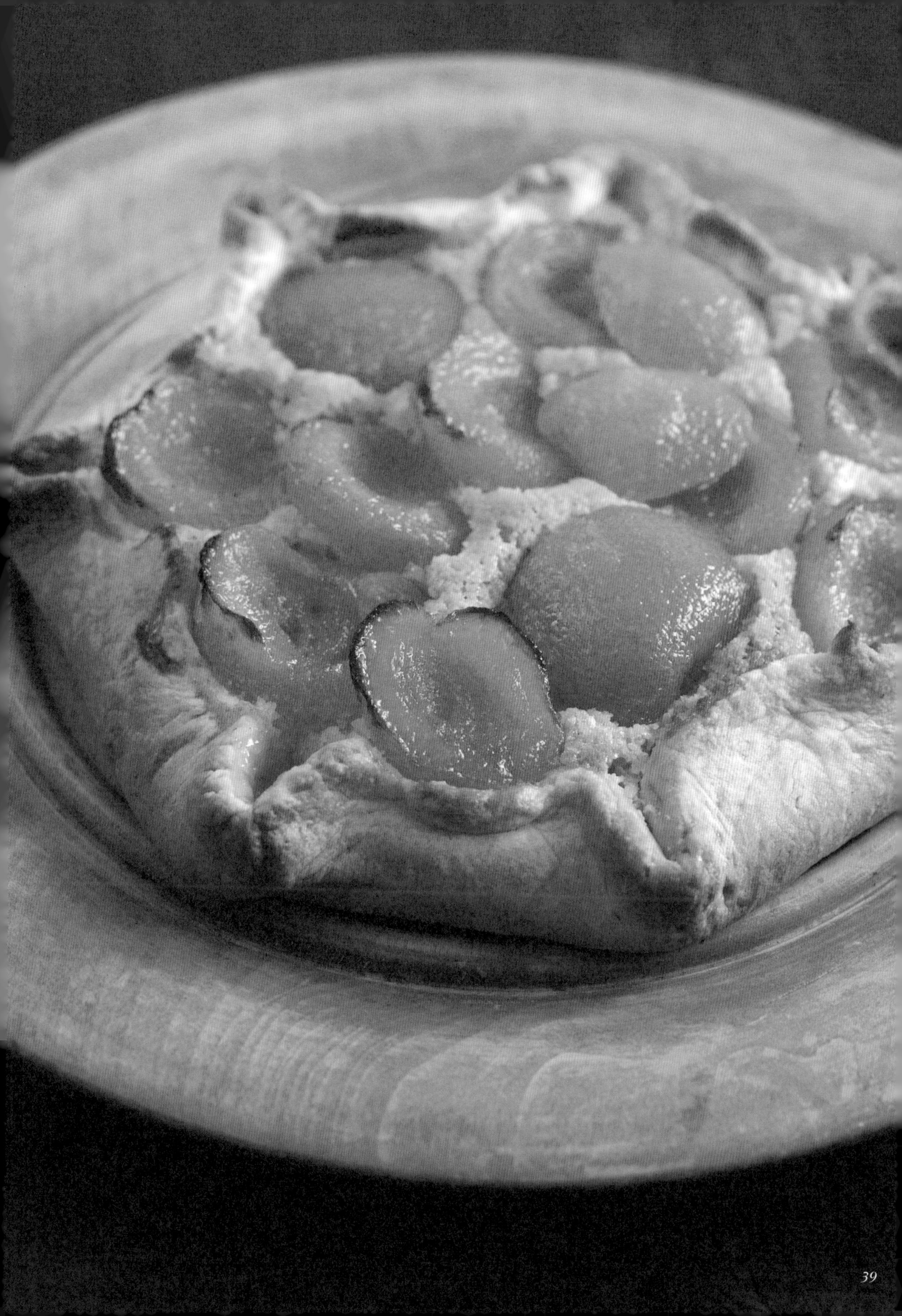

TARTES SALEES

タルト・サレ基本の生地

塩けのあるタルト『タルト・サレ』の基本の生地です。
強力粉を配合することで、焼き上がりの、ざくっ、ほろっ、とした食感が強まり、
食べごたえも加わります。好みで薄力粉のみで作ることもできます。

■ **材料**（直径22cm 1台分）

Ⓐ
- 薄力粉　100g
- 強力粉　50g
- ベーキングパウダー　小さじ⅙
- 塩　ひとつまみ

バター（食塩不使用）　50g

Ⓑ
- 水　大さじ1½
- 卵　1個
- オリーブ油　大さじ1

■ **下準備**
- バターは1cm角に切り、使う直前まで冷蔵庫か冷凍庫で冷やしておく。
- Ⓐを合わせてふるい、使う直前まで冷蔵庫で冷やしておく。
- 小さめのボウルにⒷを入れてよく混ぜ、使う直前まで冷蔵庫で冷やしておく。

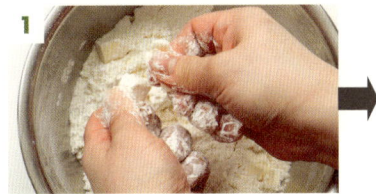

1
Ⓐにバターを入れ、指先で粉をまぶしながら手早くすりつぶす。

2
手のひらですり合わせ、さらさらになるまですりつぶす。

フードプロセッサーでもできます
フードプロセッサーに、合わせてふるったⒶと角切りにしたバターを入れ、バターが細かくなるまで撹拌し、ボウルに移す。フードプロセッサーがあれば**1**と**2**の作業があっという間。おすすめです。

3
中心をあけ、Ⓑとオリーブ油も加える。指先で中心から円を描くように大きく混ぜる。

4
まとまらない粉の部分に水（分量外）を少しずつ加える。ボウルについた粉を生地でふき取るように全体をまとめる。
⇒この時も、こねないように注意。使用する粉の乾燥度合いによって加える水の量は変わる。加える分量は最大でも大さじ½程度。

5
台に生地を置き、手のつけ根で力を入れずに大きく生地をのばす。
⇒この時、粉とバターの混ぜむらがないか確認、むらがあったら手のつけ根ですりつぶすようにして、生地をなじませる。

6
生地をカードなどで集める。
⇒手の温かさで生地がだれると扱いにくくなるので、カードなどを使うのがおすすめ。

7
直径15cmほどの円盤状に整えたら打ち粉（分量外）をしたラップの上に置き、上からも打ち粉（分量外）をし、ラップを重ねる。

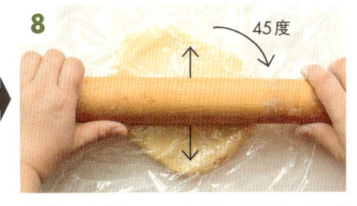

8
麺棒で直径22cmほどの円形に広げる。45度ずつ時計まわりに生地をまわしながらのばす。
⇒麺棒は自分と並行に置き、常に生地の中心から上下へ動かすとよい。

9
ラップごと天板やまな板など平らなものの上にのせ、冷蔵庫で1時間休ませる。ひと晩寝かせるとなおよい。

memo
生地は冷凍もできます
のばした生地をラップに包んだまま保存袋に入れ、冷凍庫で2週間ほど保存できます。まとめて作り置きしておけば、食べたいと思ったら具材を準備するだけ。すぐ作れるので便利です。

ドライいちじくとブルーチーズ、
ビーツにはちみつ (P.44)

ベーコンとプルーンにナツメグ
(P.45)

ドライいちじくとブルーチーズ、ビーツにはちみつ

ほんのり甘みのあるビーツとブルーチーズは
とても好きな組み合わせ。
下焼きした生地にのせて、かるく焼き上げます。

■ 材料（直径18cm 1台分）
ドライいちじく　大4個
ブルーチーズ　80g
ビーツ（水煮・缶詰）　小3個
クリームチーズ　約150g
くるみ（ロースト）　8粒
はちみつ　大さじ2
タルト・サレの生地（P.40）　1枚

1　ドライいちじくは縦半分に切る（かたいようなら水をまぶし、ラップをして電子レンジに約10秒かけてやわらかくする）。ブルーチーズはかたい部分を取り除いて1cm角ほどに切る。ビーツは約2cmの乱切りにする。クリームチーズは1cm厚さの8等分に切る。

2　**下焼きする**：生地の端を折りたたみ（P.6 Bタイプ）、天板にのせる。180℃に予熱したオーブンで20分焼く。

3　**2**を取り出し、全体に**1**のクリームチーズをのせ、さらにビーツ、ブルーチーズ、いちじくの順にのせる。手で割ったくるみを散らし、はちみつ大さじ1をまわしかける。

4　**焼く**：**3**をオーブンに戻し7〜8分焼く。仕上げに残りのはちみつをかける。天板の上で粗熱を取り、ケーキクーラーに移す。

a

ベーコンと
プルーンにナツメグ

ごまを加えた生地で作ります。プルーンの甘さとベーコン、
そしてパルミジャーノ・レッジャーノチーズの塩けが交互に顔を出す、
ワインのお供にも、おすすめのタルト。

■ **材料**（直径18cm 1台分）

ベーコン（かたまり）　150g

ドライプルーン（種なし）　10〜12個

Ⓐ ┌ パルミジャーノ・レッジャーノチーズのすりおろし　大さじ4
　 │ 生クリーム　100ml
　 └ 塩、こしょう、ナツメグパウダー　各少々

タルト・サレの生地（*P.40*）白ごま風味　1枚
⇒ただし、下準備でふるったⒶに白炒りごま大さじ1を加えて混ぜる。

1　ベーコンは5mm角程度の棒状に切り、中火で熱したフライパンでかくソテーし、キッチンペーパーの上にのせて脂をきる。ボウルに入れ、プルーンとⒶを入れて混ぜる。

2　**下焼きする**：生地の端を折りたたみ（P.6 Bタイプ）、天板にのせる。180℃に予熱したオーブンで20分焼く。

3　**焼く**：**2**を取り出し、全体に**1**をのせる（**a**）。

4　**3**をオーブンに戻し8分焼く。天板の上で粗熱を取り、ケーキクーラーに移す。

TARTES SALÉES

にんじんとレーズンに
塩味のクレーム・ダマンド

塩味にアレンジしたアーモンドクリームを使います。
にんじんは風味と栄養を豊かにいただくためにも皮付きのままがおすすめ。

■ **材料**（直径18cm 1台分）

にんじん　小2本
⇒ここではオレンジと黄色を使用。

ドライレーズン　大さじ2
⇒ここではカランツを使用。

Ⓐ ┌ バター（食塩不使用）　30g
　 │ 水　大さじ2
　 └ 塩、こしょう　各少々

◎塩味のクレーム・ダマンド
┌ バター（食塩不使用）　30g
│ ⇒室温にし、ゴムべらで練ってクリーム状にする
│ 塩、こしょう　各少々
│ 卵　½個
│ アーモンドパウダー　30g
└ リコッタチーズ　100g

ピスタチオの粗みじん切り　小さじ1
タルト・サレの生地（P.40）　1枚

1. にんじんは皮ごと2mm厚さの輪切りにしたら鍋に入れ、Ⓐを加える。ふたをして弱火で、時々混ぜながら蒸し煮にする（じっくり時間をかけて加熱すると、甘みが出ておいしくなる）。竹串がスッと通るようになったらレーズンを加え、火を止めてふたをしたまま室温まで冷ます。

2. **塩味のクレーム・ダマンドを作る**：リコッタチーズをキッチンペーパーに広げ、余分な水分をきる。クリーム状にしたバターに溶きほぐした卵を3～4回に分けて加え、そのつど泡立て器でよく混ぜる。アーモンドパウダーと塩、こしょう各少々を加え、さらに混ぜる。水分をきったリコッタチーズを加えてよく混ぜる。

3. **成形する**：オーブンペーパーの上に生地を置く。中心に**2**を広げ（**a**）、その上に汁けをきった**1**をのせる（**b**）。生地で包み（P.6 Aタイプ）、冷蔵庫で30～40分冷やす。

4. **焼く**：**3**を天板にのせ、180℃に予熱したオーブンで20～25分焼く。天板の上で粗熱を取り、ケーキクーラーに移し、ピスタチオをふる。

ほうれん草、チキン、アーモンドのキッシュ風

チキンは最後にオーブンで焼くので、はじめに焼く時、焼きすぎないように注意を。
ガラムマサラはカレーに使われるスパイスです。季節や気分に合わせてお好みで。

■ **材料**（直径18cm 1台分）

鶏もも肉　½枚
ほうれん草　½わ（約150g）
皮付きアーモンド（ロースト）　10粒
リコッタチーズ　100g
塩、こしょう　各適量
ガラムマサラパウダー　少々
オリーブ油　小さじ1

◎アパレイユ
├ 卵黄　1個
│ ⇒室温にする。
│ 生クリーム　50ml
│ ⇒室温にする。
└ 塩、こしょう　各少々
タルト・サレの生地（P.40）　1枚

1. ほうれん草は約1分塩ゆでし、3cmの長さに切り、手でよく水けをしぼる。アーモンドは粗く切る。リコッタチーズをキッチンペーパーに広げ、余分な水分を取る。
2. 鶏肉に、塩、こしょう各少々をふる。中火で熱したフライパンにオリーブ油をひき、鶏肉を皮目から焼く。焼き目がついたら、裏に返して約8分焼きつけ取り出す。粗熱が取れたら2cm幅に切る。
3. **成形する**：オーブンペーパーの上に生地を置く。中心に**1**のリコッタチーズを広げる（**a**）。塩、こしょう、ガラムマサラパウダーをふる。その上に**1**のほうれん草とアーモンド、**2**の鶏肉をのせる（**b**）。生地で包み（P.6 Aタイプ）、冷蔵庫で30〜40分冷やす。
4. **アパレイユを作る**：ボウルにアパレイユの材料をすべて入れて泡立て器で混ぜ合わせる。
5. **焼く**：**3**を天板にのせ（**c**）、180℃に予熱したオーブンで15分焼く。
6. **焼く**：**5**を取り出し**4**のアパレイユを手早く流し入れ（**d**）、すぐにオーブンに戻し、さらに15分焼く。天板の上で粗熱を取り、ケーキクーラーに移す。

49

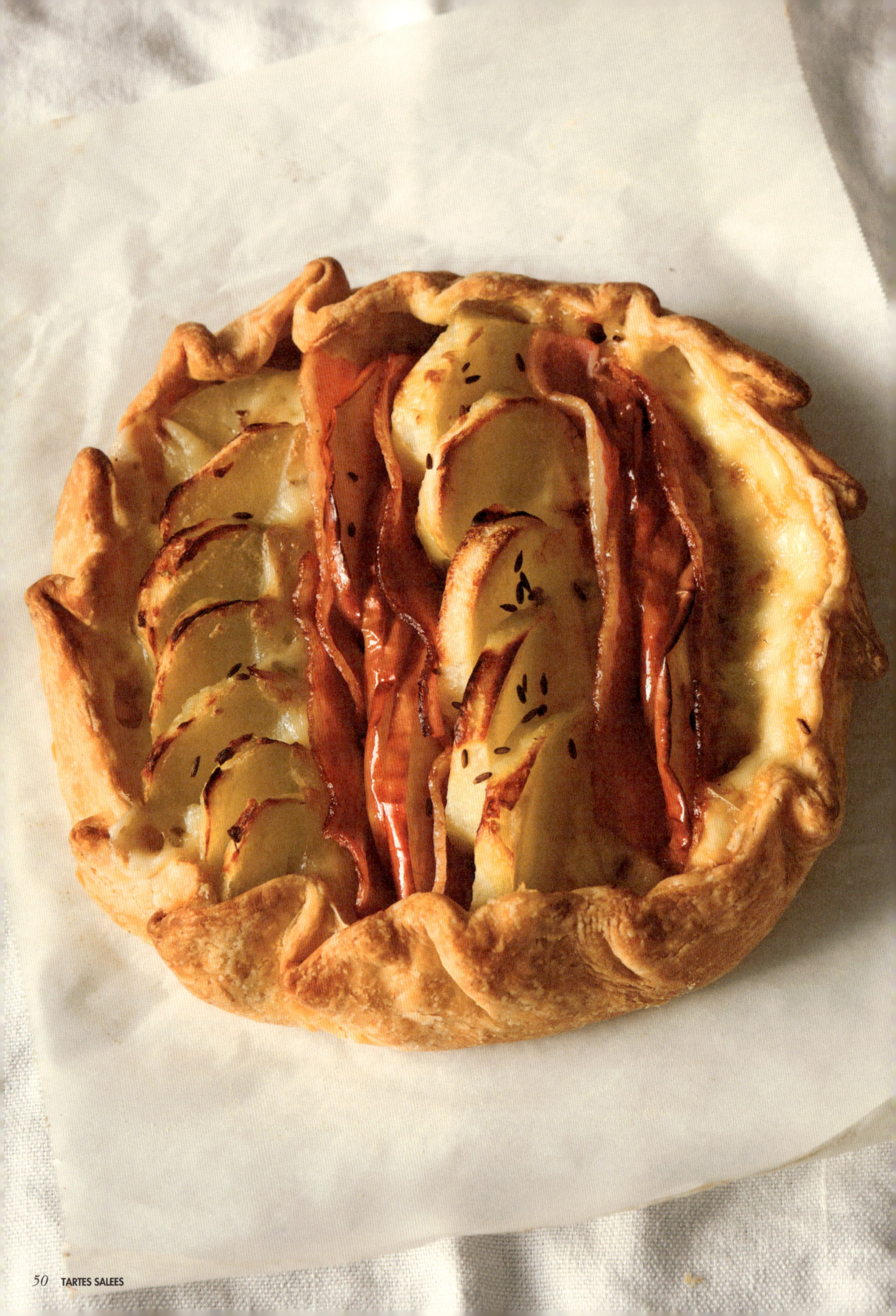

じゃがいもとりんごにクミン

じゃがいもとチーズに、りんごの甘酸っぱさをプラス。
さらにクミンでアクセントを。じゃがいもはメークインがおすすめ。

■ **材料**（直径18cm 1台分）
じゃがいも（メークイン） 2個
⇒竹串がスッと通るまで蒸す。

りんご ¼個
ベーコン 6枚
ゴーダチーズ 100g
塩、こしょう 各少々
クミンシード 小さじ1
タルト・サレの生地（P.40） 1枚

1 じゃがいもは皮をむいて1cm厚さの輪切りに、りんごは皮をよく洗い、芯を除いて皮ごと薄切りにする。ゴーダチーズも薄切りにする。ベーコンは長ければ半分に切る。
2 **成形する**：オーブンペーパーの上に生地を置く。1のじゃがいも、ゴーダチーズ、ベーコン、りんごをそれぞれずらして重ねながら並べ（**a**）、クミンシードを散らし、かるく塩、こしょうをする。生地で包み（P.6 Aタイプ）、冷蔵庫で30～40分冷やす。
3 **焼く**：2を天板にのせ（**b**）、180℃に予熱したオーブンで25～30分焼く。天板の上で粗熱を取り、ケーキクーラーに移す。

グリーンピースと空豆、パンチェッタにシェーブルチーズ

フレッシュタイムを加えた生地で作ります。
シェーブルチーズはヤギのミルクから作るチーズで春から初夏が旬。
なので、春のお豆と合わせました。

■ **材料**（直径10cm 2台分）

空豆　½カップ
⇒さやを除いて塩ゆでし、薄皮をむいたもの。

グリーンピース　½カップ
⇒さやを除いて塩ゆでしたもの。

玉ねぎ（あれば新玉ねぎ）　1個

パンチェッタ（なければベーコン）　60g
＊塩漬けにした豚バラ肉のこと。

シェーブルチーズ　60g

オリーブ油　小さじ6

塩、こしょう　各適量

タルト・サレの生地
　スパイス＆ハーブ風味（P.40）　1枚
⇒ただし、ふるった粉類Ⓐに
フレッシュタイムの葉小さじ2を加えて混ぜる。

1. タルト・サレの生地 スパイス＆ハーブ風味をP.40を参照して作る：ただし作り方**7**で生地を2等分し、**8**でそれぞれ直径14cmに広げる。あとは同じ。
2. 玉ねぎは繊維に沿って薄切りにし、オリーブ油小さじ2で透き通るまで弱火で炒め、塩、こしょう少々をふって粗熱を取る。
3. ボウルに豆類を入れ、オリーブ油小さじ2、塩、こしょう各少々を混ぜる。パンチェッタは5mm幅の棒状に切る。
4. **下焼きする**：生地の端を折りたたみ（P.6 Bタイプ）、天板にのせる。180℃に予熱したオーブンで20分焼く。
5. **4**を取り出し、全体に**2**の玉ねぎの半量を広げ**3**を半量ずつのせる（**a**）。
6. **焼く**：**5**をオーブンに戻し8〜10分焼く。焼き上がったらすぐにシェーブルチーズを半量ずつのせ、残りのオリーブ油をそれぞれまわしかける。天板の上で粗熱を取り、ケーキクーラーに移す。

53

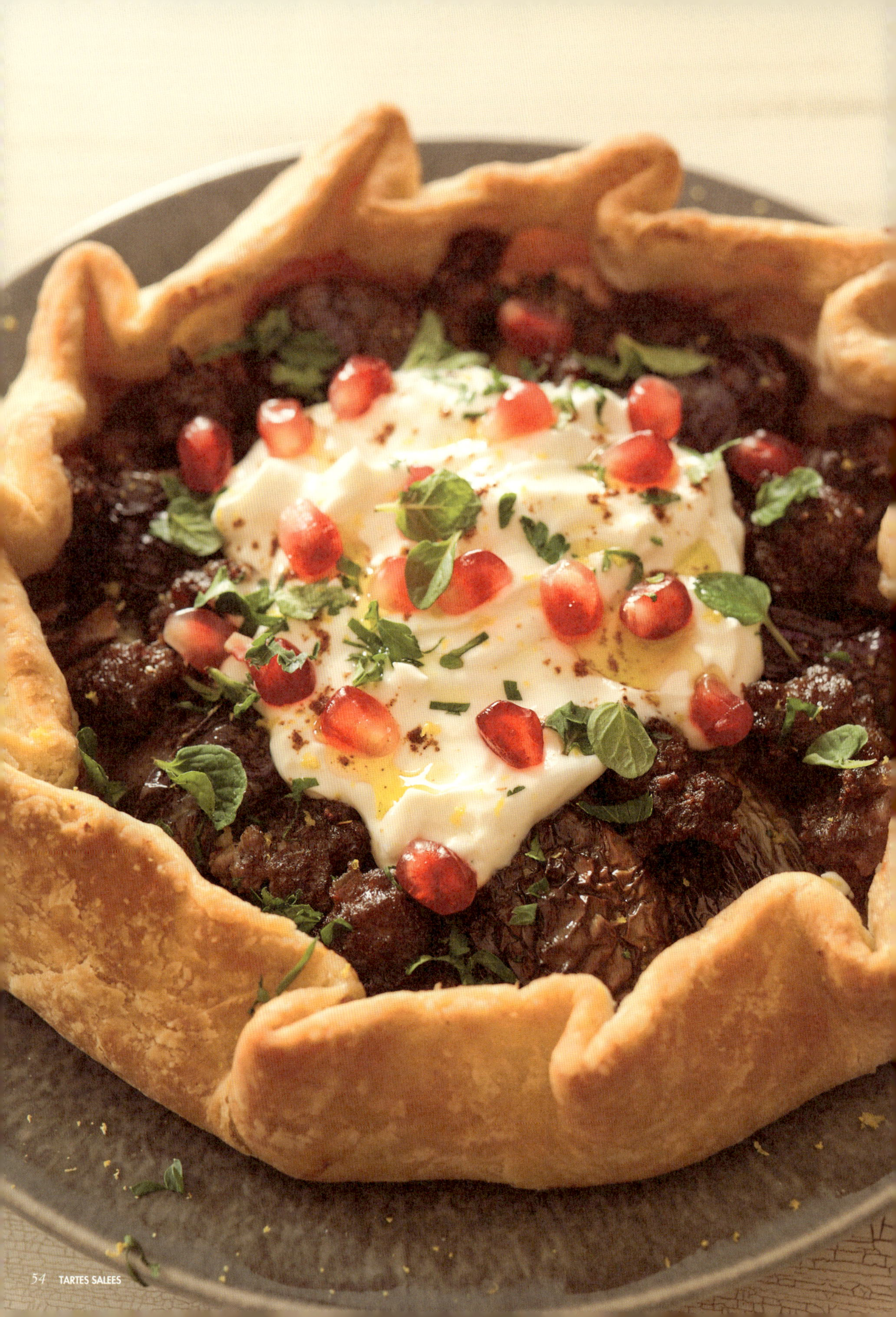

なすとひき肉にヨーグルト

スパイシーで、ヨーグルトの酸味がきいた味。
なすは、中までやわらかく加熱するのがおいしさのコツです。

■ **材料**（直径18cm 1台分）
なす　小4本
牛ひき肉　100g
ヨーグルト（無糖）　300g
トマトペースト　大さじ1
塩、こしょう　各適量
コリアンダーパウダー　少々
オリーブ油A　大さじ2
オリーブ油B　小さじ1

A｛
イタリアンパセリの粗みじん切り　小さじ1
ミントの葉　10枚
ざくろの実　大さじ2
国産レモンの皮のすりおろし　½個分
チリパウダー、
コリアンダーパウダー　各少々
｝
タルト・サレの生地（P.40）　1枚

1　ヨーグルトの水きりをする。ボウルにざるを重ね、キッチンペーパーを敷いて、ヨーグルトをのせ、ラップをかける。冷蔵庫で6時間おく。使う時に室温にすること。

2　なすはへたを取って縦半分に切る。中火で熱したフライパンにオリーブ油Aをひき、なすを入れて竹串がスッと通るまで焼く。かるく塩、こしょうして冷ます。

3　**成形する**：オーブンペーパーの上に生地を置く。中心にトマトペーストをぬり（**a**）、1のヨーグルトの半量を広げる。かるく塩、こしょうをふり、コリアンダーパウダーもふる（**b**）。

4　2のなすをのせ、ひき肉を生のままところどころに置き、全体にかるく、塩、こしょうをふる（**c**）。生地で包み（P.6 Aタイプ）、冷蔵庫で30～40分冷やす。

5　**焼く**：4を天板にのせ（**d**）、180℃に予熱したオーブンで25～30分焼く。天板の上で粗熱を取ったら、ケーキクーラーに移す。残りのヨーグルトを中心にのせる。Aをそれぞれ散らして、仕上げに塩、こしょう、オリーブ油Bをまわしかける。

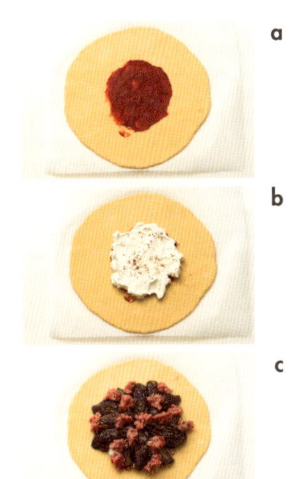

a

b

c

d

長ねぎとハムにレモン (P.57)

全粒粉を入れた生地で作ります。
長ねぎは青い部分も使って風味や食感を楽しみましょう。

焼き豆腐にとうもろこしと枝豆、黒こしょう (P.58)

焼き豆腐は水分が少ないので、
水きりしなくても使えるところがポイント。

3色のパプリカと
白身魚にタプナード (P.59)

白身魚をたっぷり使って、ちょっと贅沢に。
パプリカは好みの1種類で作っても。

帆立とマッシュルーム、
カレー風味 (P.59)

帆立は焼きすぎると固くなるので気をつけて。
マッシュルームはしいたけやエリンギにかえても。

長ねぎとハムにレモン

■ **材料**（直径18cm 1台分）
長ねぎ（青い部分も使用） 1本
ハム 2枚
コリアンダーシード 小さじ½
生クリーム 50ml
A ┌ レモン果汁 大さじ1
　├ バター（食塩不使用） 小さじ2
　└ 塩、こしょう 各少々

B ┌ 卵黄 1個
　├ パルミジャーノ・レッジャーノチーズの
　│　すりおろし 大さじ3
　└ 国産レモンの皮のすりおろし ½個分
レモンの薄切り ½個分
タルト・サレの生地（P.40）全粒粉入り 1枚
⇒ただし、粉を薄力粉120g、全粒粉30gにかえて作る。あとはすべて同じ。

1 コリアンダーシードはつぶし、長ねぎは2cm長さに切る。
2 鍋に1とⒶを入れ弱火にかける。ふたをして、ときどき混ぜる。じっくり火を通してねぎがやわらかくなったら、生クリームを加え中火にし、約5分煮る。火を止めてⒷを加えて混ぜ、冷ます。
3 **成形する**：オーブンペーパーの上に生地を置く。中心に2を広げる。ハムは十字に切り、写真のように頂点を内側に折り曲げ、右端から巻き（ⓐ）レモンの薄切りとともにのせる（ⓑ）。生地で包み（P.6 Aタイプ）、冷蔵庫で30～40分冷やす。
4 **焼く**：3を天板にのせ、180℃に予熱したオーブンで20～25分焼く。天板の上で粗熱を取り、ケーキクーラーに移す。

焼き豆腐にとうもろこしと枝豆、黒こしょう

■ **材料**（直径18cm 1台分）
とうもろこし、枝豆 各¼カップ
→それぞれ塩ゆでしたもの。
焼き豆腐 ½丁（125g）
A ┌ パルミジャーノ・レッジャーノチーズの
　│　すりおろし 大さじ1
　├ オリーブ油 小さじ2
　└ 塩 少々

B ┌ パルミジャーノ・レッジャーノチーズの
　│　すりおろし 大さじ1
　├ オリーブ油 大さじ1
　├ 塩 少々
　└ 黒こしょう（粒） 小さじ½
　⇒つぶしたもの。
タルト・サレの生地（P.40） 1枚

1 焼き豆腐は手でそぼろ状にくずしⒶとあえる。
2 ボウルにとうもろこしと枝豆を入れⒷとあえる。
3 **下焼きする**：生地の端を折りたたみ（P.6 Bタイプ）、天板にのせる。180℃に予熱したオーブンで20分焼く。
4 3を取り出し、全体に1を広げ（ⓐ）、2をのせる（ⓑ）。
5 4をオーブンに戻し7～8分焼く。天板の上で粗熱を取り、ケーキクーラーに移し、かるく冷ます。

3色のパプリカと白身魚にタプナード

■ **材料**（直径18cm 1台分）
白身魚（ここでは鯛を使用）　2切れ
パプリカ（赤、黄、オレンジ色）　各¼個
フレッシュタイム　3～4枝
塩、こしょう　各適量
オリーブ油　小さじ2
タプナード（黒オリーブペースト）　大さじ2
⇒作り方 memo 参照。
タルト・サレの生地（P.40）　1枚分

1　白身魚は1切れを4等分に切って塩、こしょう各少々をふる。
2　パプリカはへたと種を取って2cmの乱切りにする。中火で熱したフライパンにオリーブ油をひき、タイムとともにソテーし、かるく塩、こしょうをふる。バットに取り、冷ます。同じフライパンで1の魚の両面をソテーし、粗熱を取る。
3　**成形する**：オーブンペーパーの上に生地を置く。中心にタプナードをぬり広げ、2の魚とパプリカを順にのせる（**a**）。生地で包み（P.6 Aタイプ）、冷蔵庫で30～40分冷やす。
4　**焼く**：3を天板にのせ、180℃に予熱したオーブンで25～30分焼く。天板の上で粗熱を取り、ケーキクーラーに移す。

memo
タプナード（作りやすい分量）
黒オリーブ（種なし）　80g
ケイパー（酢漬け）　大さじ1
アンチョビフィレ　2枚
オリーブ油　大さじ1

1　黒オリーブは余分な水分をよくきり、残りのすべての材料とともにフードプロセッサーにかける。

帆立とマッシュルーム、カレー風味

■ **材料**（直径18cm 1台分）
帆立　8個
マッシュルーム　1パック（7～8個）
A ┌ 生クリーム　100ml
　│ カレー粉　小さじ1
　└ 塩、こしょう　各少々
塩、こしょう　各少々
オリーブ油　小さじ4
ピンクペッパー　少々
タルト・サレの生地（P.40）　1枚

1　マッシュルームは4～5等分の薄切りにする。中火で熱したフライパンにオリーブ油小さじ2をひいてソテーし、しんなりしたらAを入れて煮る。とろりとしてきたら火を止めて冷ます。
2　帆立はかたい部分を取り除き、横半分に切る。塩、こしょうをし、残りのオリーブ油をフライパンにひき、両面を焼き粗熱を取る。
3　**成形する**：オーブンペーパーの上に生地を置く。中心に1を広げ、2をのせる（**a**）。生地で包み（P.6 Aタイプ）、冷蔵庫で30～40分冷やす。
4　**焼く**：3を天板にのせ、180℃に予熱したオーブンで25～30分焼く。ピンクペッパーを散らし、天板の上で粗熱を取る。ケーキクーラーに移す。

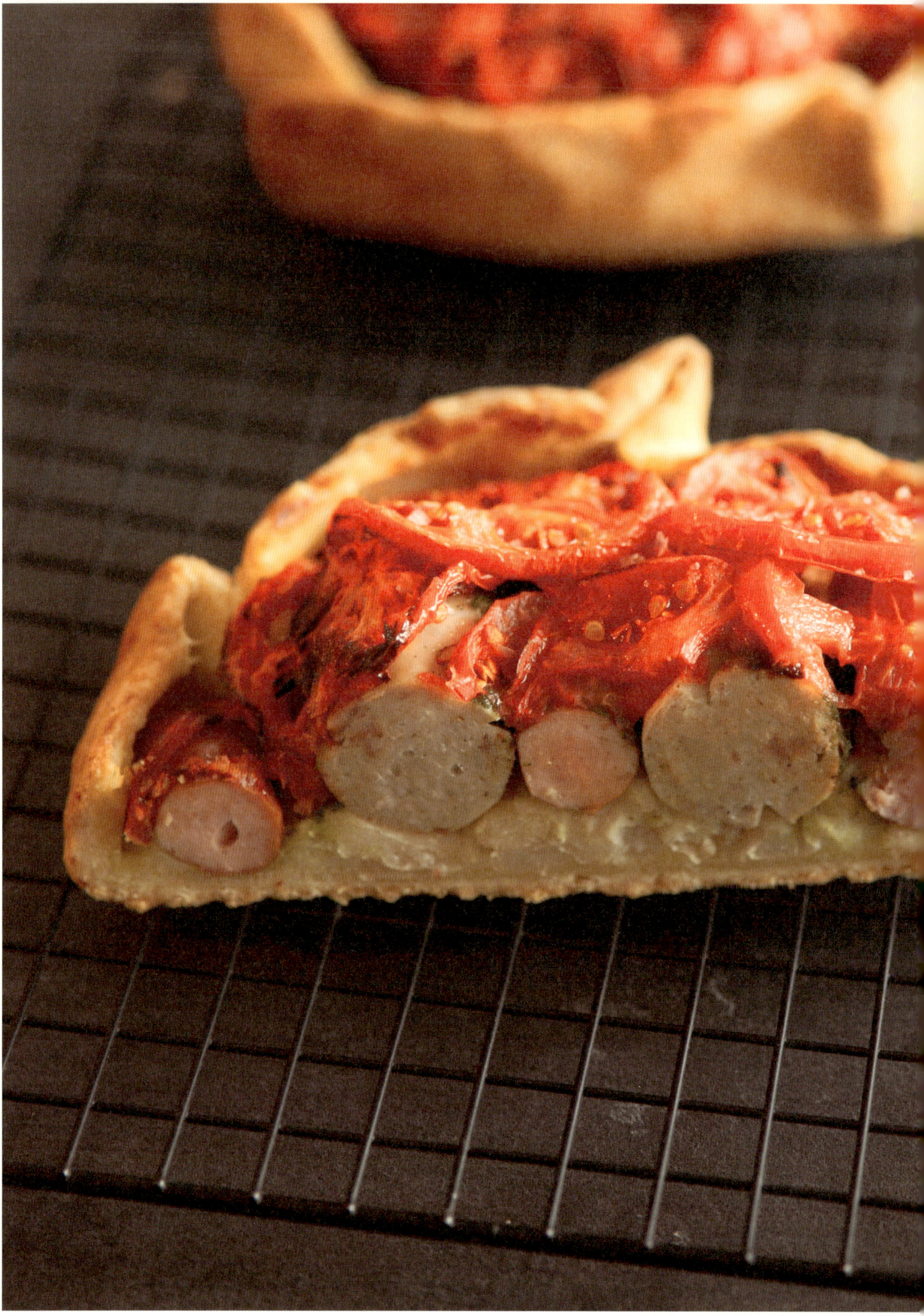

トマトと白いんげん豆、ソーセージにバジルペースト

焼けたトマトの酸味と甘みがソースのように全体の味を包み込みます。ソーセージはハーブ入りのものを組み合わせてみました。

■ **材料**（直径18cm 1台分）
トマト　大2個
白いんげん豆（水煮・缶詰）　2/3カップ
塩、こしょう　各適量
好みのソーセージ　大3〜4本（小8本）
オリーブ油　小さじ3
バジルペースト（瓶詰）　大さじ2
タルト・サレの生地（*P.40*）　1枚

1 白いんげん豆は、キッチンペーパーの上にのせて水けをきる。トマトは薄い輪切りにする。

2 ソーセージは切り込みを入れる（大きいものは半分に切る）。中火で熱したフライパンにオリーブ油小さじ1をひき、ソーセージを焼き色がつくまでソテーして、冷ます。

3 **成形する**：オーブンペーパーの上に生地を置く。中心に白いんげん豆を広げ（**a**）、かるく塩、こしょうをする。ソーセージをのせて、上にバジルペーストをところどころにかけ（**b**）、トマトの薄切りを並べる（**c**）。生地で包み（*P.6* Aタイプ）、冷蔵庫で30〜40分冷やす。

4 **焼く**：3を天板にのせ（**d**）、オリーブ油小さじ2をまわしかけ、塩少々をふり180℃に予熱したオーブンで25〜30分焼く。天板の上で粗熱を取り、ケーキクーラーに移す。

a b
c d

TARTES SALEES

さつまいもとハムにゴーダチーズ

甘いさつまいもと塩けのきいたハムとチーズの組み合わせがおいしい。
焼き上がったタルトに生クリームをまわし入れて、
具材をしっとり仕上げるところがポイント。

■ 材料（直径18cm 1台分）

さつまいも　小2本
⇒竹串がスッと通るまで蒸す。

ハム　大4枚

ゴーダチーズ　100g

Ⓐ ┌ 生クリーム　50ml
　 │ ⇒室温にする。
　 └ 塩、こしょう　各少々

塩、こしょう　各適量

カイエンヌペッパー　少々

タルト・サレの生地（P.40）　1枚

1　さつまいもは皮付きのまま5mm厚さの輪切りにする。ゴーダチーズは薄切りにする。

2　**成形する**：オーブンペーパーの上に生地を置く。中心に**1**のさつまいも半量を広げ、かるく塩、こしょうをふる。チーズの半量をのせ（**a**）、ハムをたたんでのせる（**b**）。残りのチーズと、さつまいもを順にのせ、かるく塩、こしょうする（**c**）。生地で包み（P.6 Aタイプ）、冷蔵庫で30〜40分冷やす。

3　**焼く**：**2**を天板にのせ（**d**）、180℃に予熱したオーブンで25〜30分焼く。

4　Ⓐを混ぜ合わせ、焼き上がった**3**が熱いうちに流し入れ、カイエンヌペッパーをふる。天板の上で粗熱を取り、ケーキクーラーに移す。

アボカドと海老にごま

2つに割ったアボカドを大胆にのせた
さっぱりとヘルシーなタルトです。

■ **材料**（直径18cm 1台分）
アボカド（熟したもの）　1個
海老　10尾
ヨーグルト（無糖）　300g
白すりごま　大さじ2
塩、こしょう　各適量
オリーブ油A　小さじ2
オリーブ油B　小さじ1
タルト・サレの生地（*P.40*）　1枚

1. ボウルにざるを重ね、キッチンペーパーを敷いて、ヨーグルトをのせ、ラップをかける。冷蔵庫で6時間おく。使う時に室温にする。
2. 海老は殻をむき、背開きにして背わたを除く。中火で熱したフライパンにオリーブ油Aをひき、ソテーする。かるく塩、こしょうして粗熱を取る。
3. アボカドは縦に切り、種を取り除き、皮をむく。
4. **成形する**：オーブンペーパーの上に生地を置く。中心に**1**のヨーグルトを広げ、かるく塩、こしょうをふり、白すりごまの半量をふる（**a**）。写真のようにアボカドを置き、**2**の海老を散らし、残りのすりごまをふる（**b**）。生地で包み（*P.6* Aタイプ）、冷蔵庫で30〜40分冷やす。
5. **焼く**：**4**を天板にのせ、アボカドの上にオリーブ油Bをまわしかける（**c**）、180℃に予熱したオーブンで25〜30分焼く。天板の上で粗熱を取り、ケーキクーラーに移す。

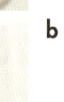

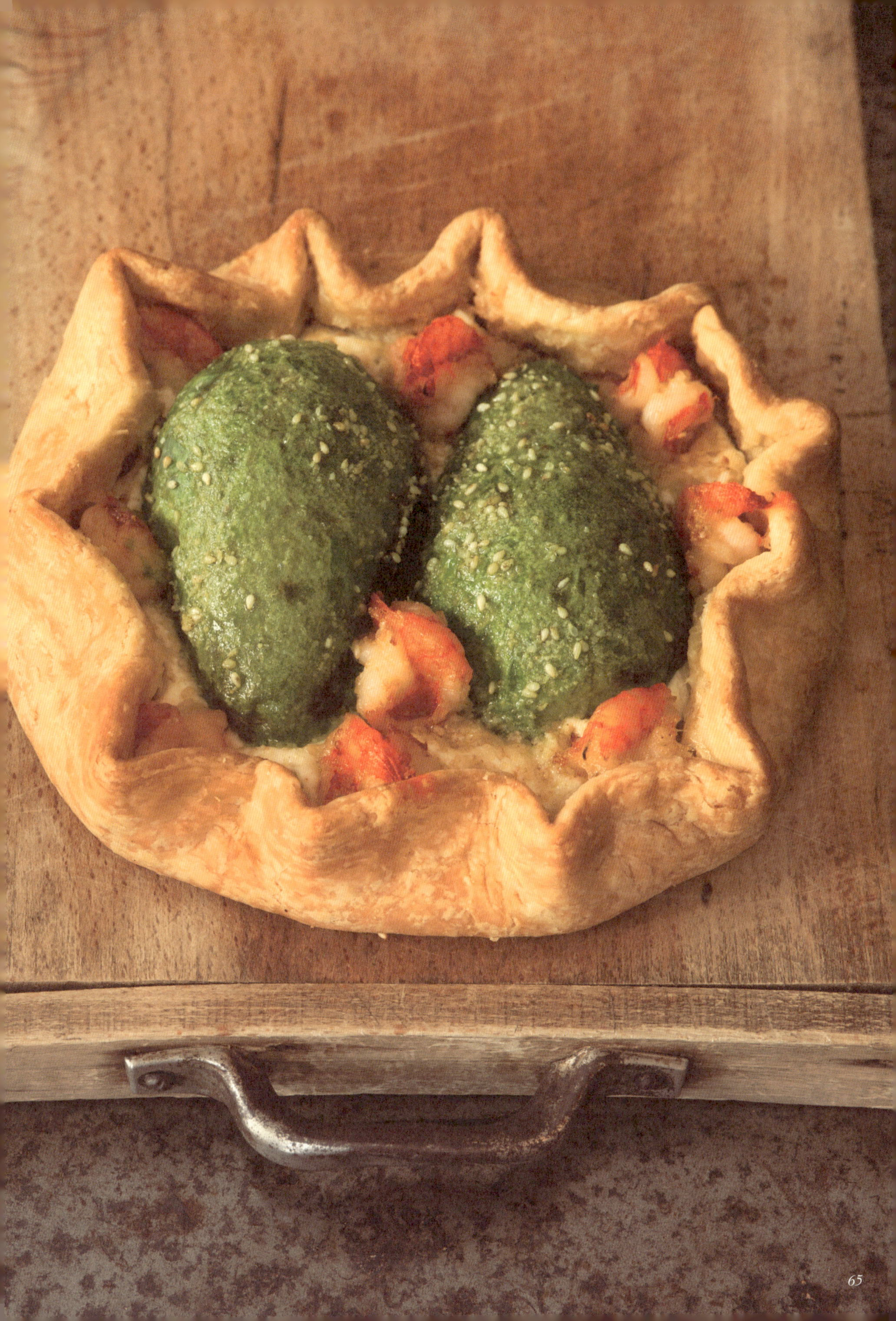

TARTES PLATES

タルト・プラット基本の生地

プラットとはフランス語で"平らな"という意味。
「タルト・プラット」は生地をプレート状に焼き上げます。
牛乳を配合した、どこか懐かしい味と食感。
フレッシュなフルーツをクリームとともに盛り付けるのにおすすめのタルトです。

■ 材料（直径20cm 1台分）
バター（食塩不使用）　70g
粉糖　50g
卵黄　1個
牛乳　約大さじ1
薄力粉　130g
塩　ひとつまみ

■ 下準備
・バターを室温にし、泡立て器で練ってクリーム状にしておく。
・卵黄と牛乳を混ぜておく。
・粉糖をふるう。薄力粉と塩を合わせてふるっておく。

1 バターに、ふるった粉糖を加え、泡立て器ですり混ぜる。

2 卵黄と牛乳を混ぜたものを加えて泡立て器でよくすり混ぜる。

3 薄力粉と塩を合わせたものを加え、ゴムべらで時々たてに切るようにしながら、ひとまとまりになるまで混ぜる。この時、力を入れたり練ったりしない。

4 3を台の上に置き、材料がよく混ざることを意識しながら、手首のつけ根で生地をのばしていく。

5 カードでひとまとまりにする。
⇒手でまとめると手の温度で生地がだれてしまうのでカードを使うとよい。

6 直径15cmほどの円盤状に整えたら、打ち粉（分量外）をしたラップの上に置き、上からも打ち粉（分量外）をし、ラップを重ねる。

7 麺棒で直径20cmくらいの円形に広げる。45度ずつ時計まわりに生地をまわしながらのばすと、きれいな円形になる。
⇒麺棒は常に自分と並行に置き、生地の中心から上下へ動かすとよい。

8 生地を冷蔵庫で1時間休ませる（ひと晩寝かせるとなおよい）。このとき、天板にのせたまま冷やすと形がくずれない。

9 オーブンペーパーの上に、のばした生地をのせ、かるく薄力粉（分量外）をふる。
丸形：生地の縁にフォークの先で模様をつける。
波形：生地をオーブンペーパーごと台の端に置き、粉をつけた親指と人さし指で、縁をつまんで波形にする。

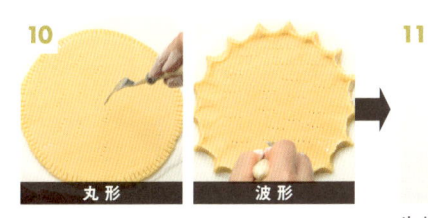

10 底面に粉をつけたフォークで数か所穴をあける。

11 生地を冷蔵庫で30〜40分休ませたのち、180℃に予熱したオーブンで10分、170℃に下げて13〜15分焼く。

12 焼き上がったら天板にのせたまま15分ほどおいて粗熱を取る。すぐ動かすとくずれやすいので、しばらくおいておくこと。十分粗熱が取れたら、ケーキクーラーにのせて、それからオーブンペーパーを抜き取る。

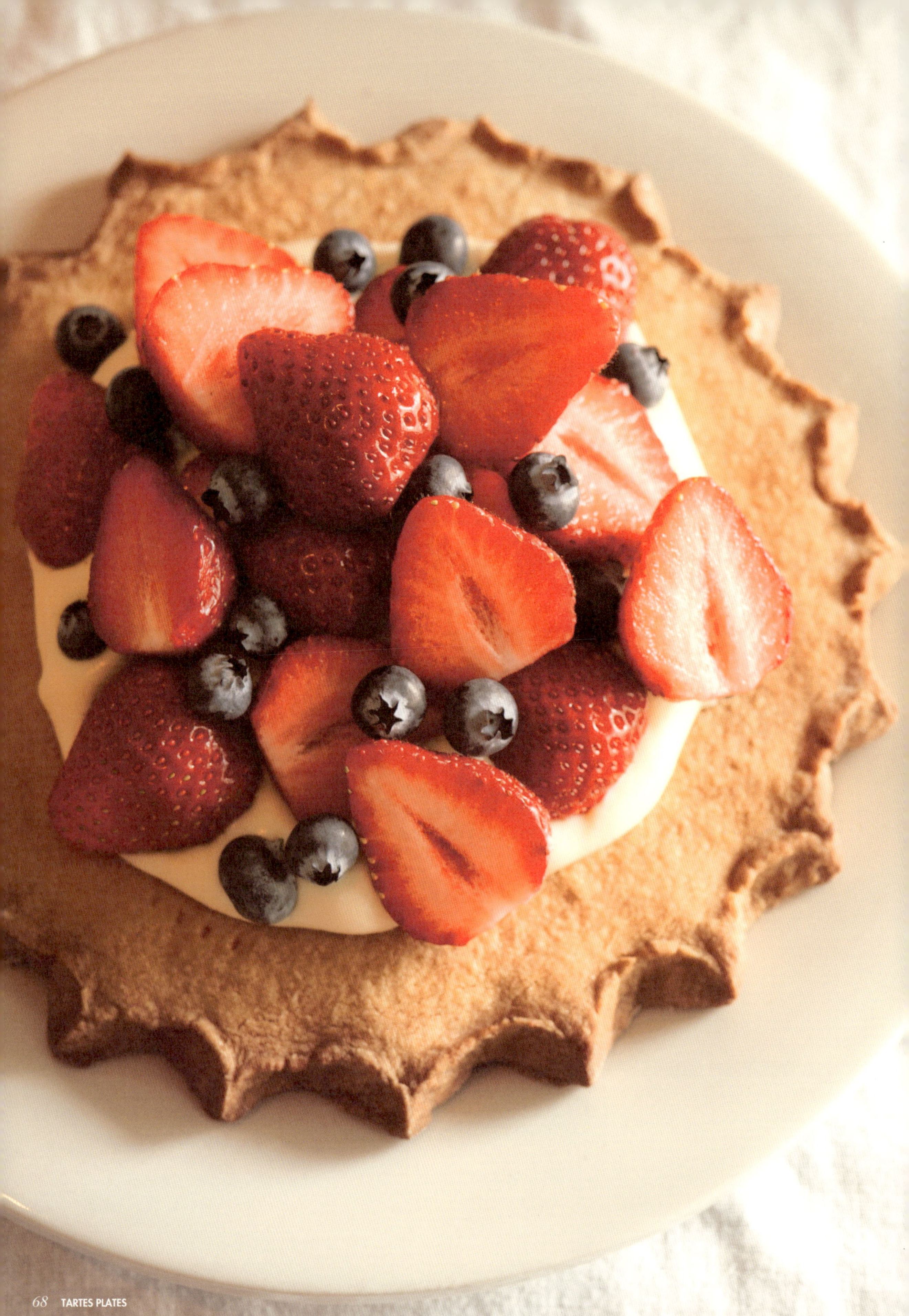

いちごとブルーベリー、
ホワイトチョコレートとヨーグルトのクリーム

ホワイトチョコに酸味のあるヨーグルトを加えてさっぱりと仕上げます。
チョコレートは高温の湯煎にかけると分離しやすいので注意を。

■ **材料**（直径20cm 1台分）
いちご　15粒
ブルーベリー　20粒
◎ホワイトチョコレートとヨーグルトのクリーム
　┌ ホワイトチョコレート　60g
　│ ヨーグルト（無糖）　30g
　└ ⇒室温にする。
タルト・プラット台（P.66）　1枚

1　いちごはへたを取り除き、縦半分に切る。
2　**ホワイトチョコレートとヨーグルトのクリームを作る**：ボウルに刻んだホワイトチョコレートを入れ、湯煎にかけて溶かす。湯煎からはずし、ヨーグルトを少しずつ加えながら泡立て器で混ぜる。ボウルごと氷水にあて、ゴムべらで混ぜながらとろみをつける。
3　**組み立てる**：タルト・プラット台に**2**のクリームを広げ（**a**）、いちごとブルーベリーをのせる（**b**）。

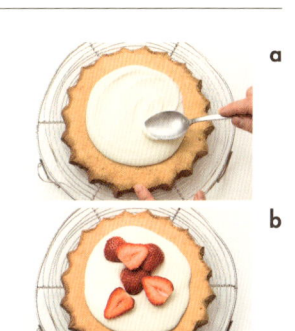

> **memo　タルト・プラットの美しい切り分け方**
>
> タルト・プラットを美しく切り分けるコツは、
> 一度、上のフルーツをはずしてからカットすることです。
>
> 1　上にのっているフルーツなどをすべて取り除く。タルト・プラット台の中心に包丁の刃先を入れ、まっすぐおろす。
> 2　切るたびに、固くしぼったぬれ布巾で包丁をふく。
> 3　タルト・プラット台を180度まわして、**1**と同じ要領で切る。
> 4　放射状に好きな大きさに切り分けたらフルーツを盛り付ける。

バナナと塩キャラメルクリーム

しっかり熟した甘いバナナに、ビターでソルティな塩キャラメルクリームをかけました。
サクサクしたビスケット生地ともよく合います。

■ **材料**(直径20cm 1台分)
バナナ(熟したもの)　3本
レモン果汁　約小さじ2
◎塩キャラメルクリーム
　Ⓐ┌ 生クリーム　50ml
　　├ バター(食塩不使用)　10g
　　└ 塩　ひとつまみ
　　グラニュー糖　50g
　　水　大さじ1
タルト・プラット台(*P.66*)　1枚

---

1 **塩キャラメルクリームを作る**：小鍋にⒶを入れ、沸騰直前まで温める。
2 中火で熱したフライパンに、水とグラニュー糖を入れる。時々フライパンをまわして混ぜながら、カラメル色になったら、1を少しずつ混ぜる。この時へらなどでかきまわさず、フライパンをまわしながら加えて混ぜるとよい。また、はねるので、やけどに注意する。
3 すべて混ざったらボウルに移して氷水にあて、時々かき混ぜながら冷ます。
4 バナナは皮をむき、横半分に切ってから縦半分に切り、レモン果汁をまぶす。
5 **組み立てる**：3の塩キャラメルクリームの大さじ2ほどを残し、タルト・プラット台に広げ(**a**)、バナナを盛る(**b**)。残しておいたクリームをまわしかける。

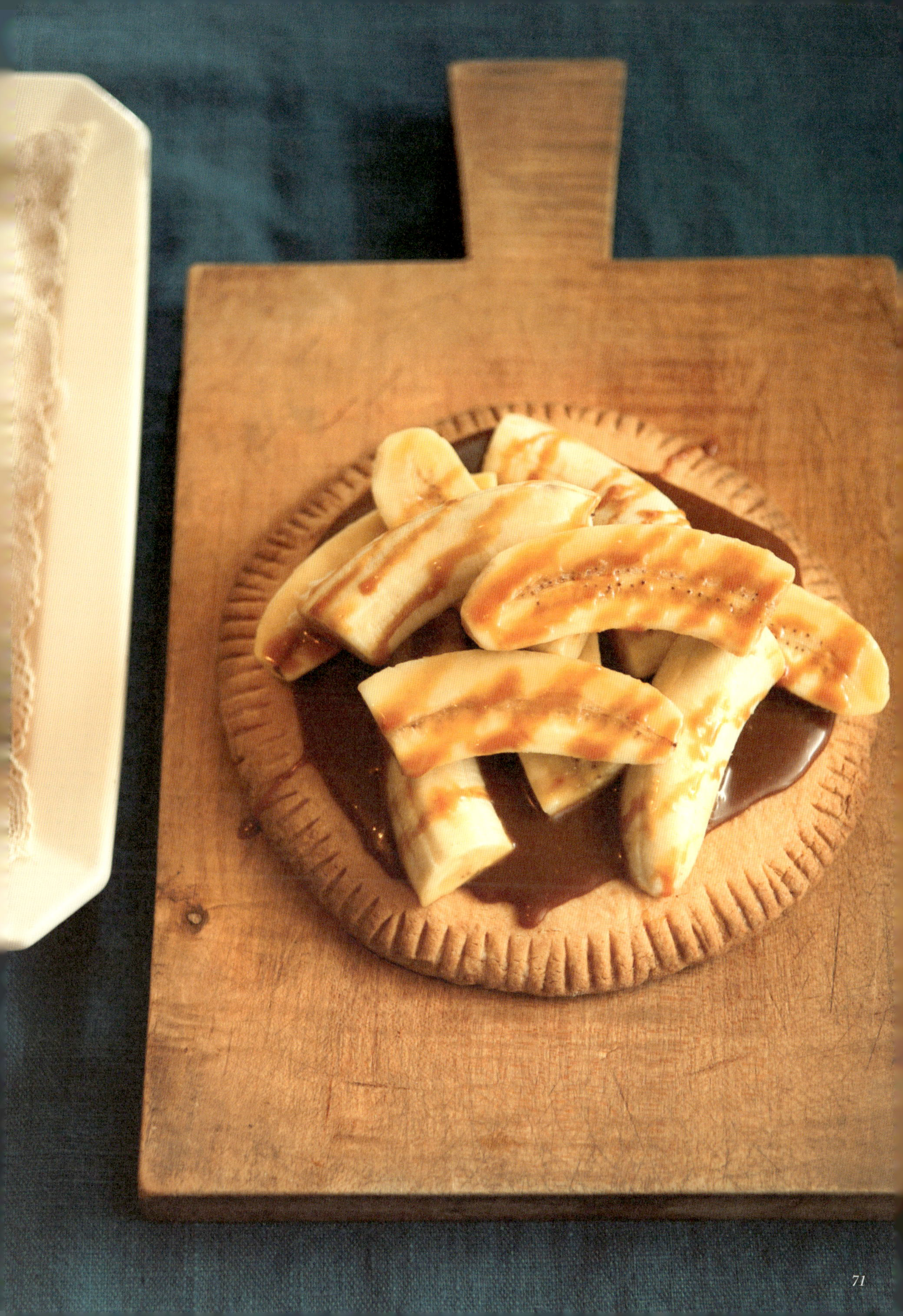

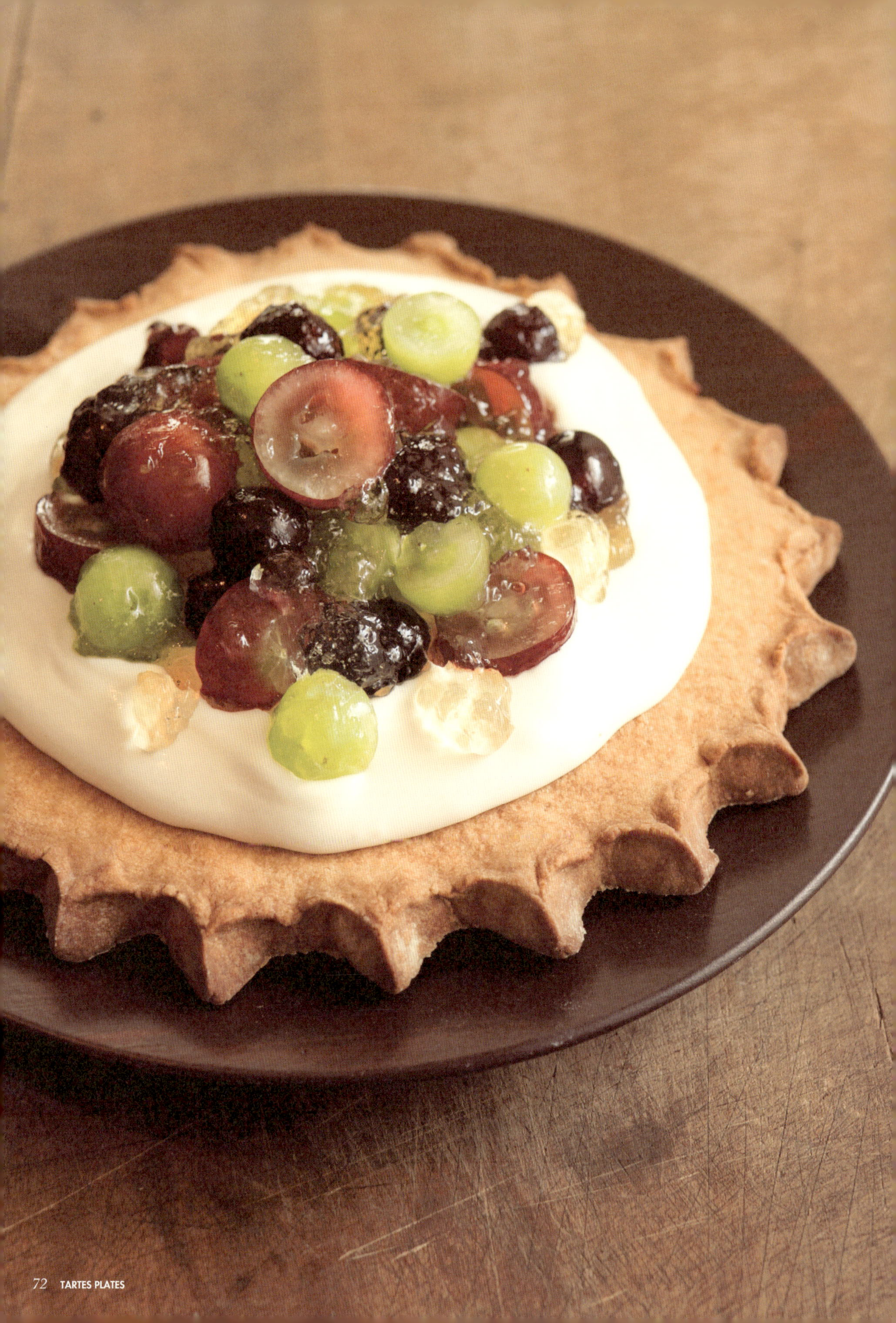

ぶどうと白ワインのジュレ

白ワインのジュレをからめたぶどうをのせました。
ここでは3種類のぶどうを合わせましたが、もちろん、お好みの1種類で作っても。

■ **材料**（直径20cm 1台分）
◎白ワインのジュレ
　好みのぶどう　約15粒
　白ワイン　150㎖
　砂糖　大さじ1
　粉ゼラチン　小さじ1½
　水　大さじ2
◎チーズクリーム
　クリームチーズ　60g
　　⇒室温にし、ゴムべらで練ってクリーム状にする。
　砂糖　30g
　生クリーム　50㎖
タルト・プラット台（*P.66*）　1枚

1 **白ワインのジュレを作る**：粉ゼラチンは水にふり入れてよく混ぜ、15分おいてふやかす。ぶどうはよく洗い、皮ごと半分に切る。
2 小鍋に白ワインと砂糖を入れて中火にかけ、砂糖を溶かす。アルコールが苦手な場合、3〜4分沸騰させてとばす。火を止めて、ふやかしたゼラチンを入れて溶かす。ボウルに入れて氷水にあて、冷ます。
3 1のぶどうを加え、そのまま冷蔵庫で冷やし固める。固まったら、スプーンでくずす（**a**）。
4 **チーズクリームを作る**：ボウルにクリームチーズと砂糖を入れ、泡立て器でなめらかになるまで混ぜる。さらに生クリームを少しずつ加えながら混ぜる。
5 **組み立てる**：タルト・プラット台に**4**のチーズクリームを広げ、**3**を盛る（**b**）。

フレッシュマンゴーとマンゴークリーム

トロピカルなタルト。マンゴーの種類はお好みでかまいませんが、
しっかり熟したものを使いましょう。

■ **材料**（直径20cm 1台分）
マンゴー（熟したもの）　1個
（あれば）スターフルーツ　適量
タルト・プラット台（P.66）　1枚

◎マンゴークリーム
　卵黄　1個
　グラニュー糖　30g
　コーンスターチ、薄力粉　各小さじ1½
　マンゴージュース　120ml

1　マンゴーは種の部分を残して切り、皮をむく。食べやすい大きさに乱切りにする。スターフルーツはよく洗って、5mm厚さに切る。
2　**マンゴークリームを作る**：クレーム・パティシエール（P.9）の牛乳とバニラビーンズをマンゴージュースにかえ、同じように作る。
3　**組み立てる**：タルト・プラット台に**2**を広げ（**a**）、マンゴーとあれば、スターフルーツを盛る（**b**）。

キウイと練乳ホイップクリーム

生クリームに練乳を加え、懐かしさを覚える味に仕上げました。
キウイの酸味とよく合います。

■ **材料**（直径12cm 2台分）

キウイ（熟したもの）　2個
◎練乳ホイップクリーム
　練乳　30g
　生クリーム　100ml

タルト・プラット台（P.66）　1枚
⇒ただし作り方 **6** で生地を2等分し、それぞれを直径12cmにのばして2枚の台を作る。その他の作り方は同じ。

---

1. **練乳ホイップクリームを作る**：ボウルに練乳と生クリームを入れて氷水にあて、泡立て器でツノが立つまで泡立てる（P.9参照）。
2. **組み立てる**：タルト・プラット台に **1** の練乳ホイップクリームを広げ（**a**）、皮をむき薄い輪切りにしたキウイを縁のほうから少しずつ重ねながら並べる（**b**）。

グレープフルーツとクレーム・レジェール

クレーム・パティシエールとクレーム・シャンティイーを合わせたクリームは、
クレーム・レジェールとよばれ、フランス語の意味通り、かるい食感です。

■ **材料**（直径20cm 1台分）
グレープフルーツ（黄色、ルビー）　各½個
タルト・プラット台（P.66）　1枚

◎クレーム・レジェール
Ⓐ ┌ 卵黄　1個
　│ グラニュー糖　30g
　│ コーンスターチ、薄力粉　各小さじ1½
　│ 牛乳　120g
　└ バニラビーンズ　¼本分
生クリーム　50ml

1　グレープフルーツはそれぞれ果肉を取り出しておく。
2　**クレーム・レジェールを作る**：Ⓐの材料でP.9を参考に、クレーム・パティシエールを作る。生クリームでP.9を参考に、クレーム・シャンティイーを作る。クレーム・シャンティイーの半量をクレーム・パティシエールに加え、なめらかになるまで混ぜる。残りのクレーム・シャンティイーを加えてさらに泡をつぶさないようさっと混ぜる。
3　**組み立てる**：タルト・プラット台に**2**のクレーム・レジェールを広げ（**a**）、水けをきった**1**のグレープフルーツを並べる（**b**）。

パイナップル、黒砂糖風味のタルト

黒砂糖を加えた生地で作ります。
ざくろの実はなくてもかまいませんが、酸味とプチプチした食感は楽しいもの。

■ 材料（直径20cm 1台分）

パイナップル（熟したもの）　約160g
（あれば）ざくろ　約15粒
ココナツロング　5g
タルト・プラット台（P.66）
　黒砂糖風味　1枚
⇒ただし粉糖を黒砂糖にかえる。

◎ココ・パティシエール
- 卵黄　1個
- グラニュー糖　30g
- コーンスターチ、薄力粉　各小さじ1½
- ココナツミルク　120ml

1 **ココ・パティシエールを作る**：クレーム・パティシエール（P.9）の牛乳とバニラビーンズをココナツミルクにかえ、同じように作る。
2 ココナツロングは中火で熱したフライパンでかるく炒ってローストする。パイナップルはひと口大に切る。
3 **組み立てる**：タルト・プラット台に**1**のココ・パティシエールを広げ（**a**）水けをきった**2**のパイナップルを並べる（**b**）。ココナツロングと、あればざくろを散らす。

いちじくとバルサミコ

甘く熟したいちじくと、酸味と香りの強いバルサミコ酢は、相性のいい組み合わせ。
いちじくは皮ごとたっぷり大胆に盛りました。

■ **材料**（直径20cm 1台分）
いちじく　4〜5個
◎バルサミコ・マスカルポーネクリーム
　マスカルポーネ　100g
　ブラウンシュガー　40g
　バルサミコ酢　小さじ2
　生クリーム　50ml
タルト・プラット台（*P.66*）　1枚

1　**バルサミコ・マスカルポーネクリームを作る**：マスカルポーネにブラウンシュガーとバルサミコ酢を加えて泡立て器で混ぜる。生クリームをもったりする程度に泡立て（6分立て）たら、半量ずつ加えて、そのつどよく混ぜる。
2　いちじくを縦6等分のくし形に切る。
3　**組み立てる**：タルト・プラット台に **1** のバルサミコ・マスカルポーネクリームを広げ（**a**）、いちじくを写真のようにのせる（**b**・**c**）。好みでバルサミコ酢少々（分量外）をまわしかける（**d**）。

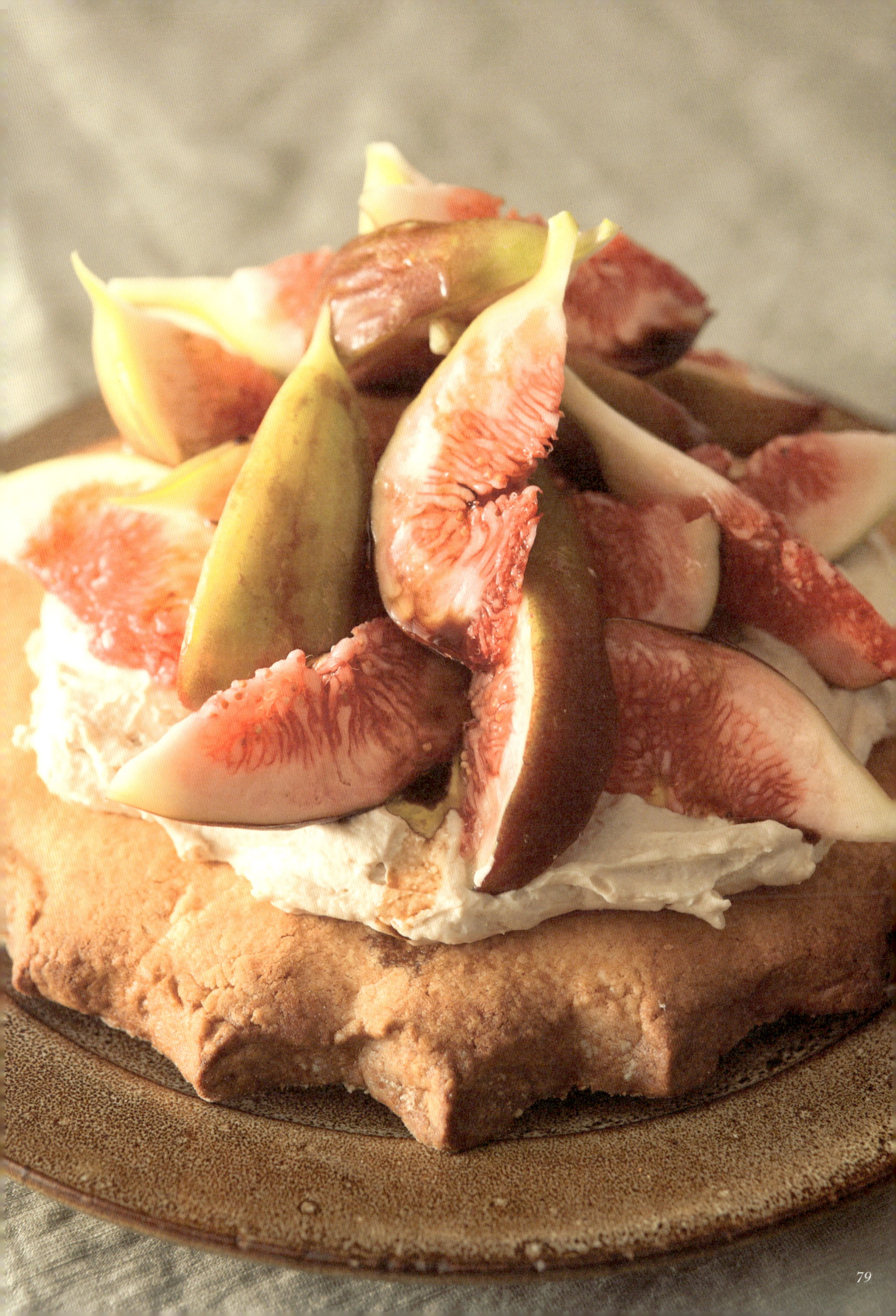

渡辺麻紀（わたなべ まき）

料理家。東京・目黒にて料理教室 L'espace Makiette（レスパスマキエット）主宰。白百合女子大学仏文科卒業。大学在学中よりフランス料理研究家のアシスタントを務める。ル・コルドン・ブルー代官山校に勤務したのち、フランス、イタリアへ料理留学。現在、雑誌や書籍、広告、企業へのメニュー提案など幅広く活躍。また食材の組み合わせの面白さ、新鮮さにファンが多い。『定番野菜で季節のサラダ』（文化出版局）、『シャルキュトリー フランスのおそうざい』（池田書店）、『わたしの常備菜』（枻出版社）、『ごちそうマリネ』『ショートパスタ・ブック』（ともに小社）ほか多数。

STAFF

アートディレクション＆デザイン：福間優子
撮影：山下コウ太
スタイリング：駒井京子
企画・編集：斯波朝子（オフィス Cuddle）

本書の内容に関するお問い合わせは、
お手紙かメール jitsuyou@kawade.co.jp にて承ります。
恐縮ですが、お電話でのお問い合わせは
ご遠慮くださいますようお願いいたします。

TARTES SANS MOULE SUCREES ET SALEES
型なしタルト シュクレ&サレ

2014年5月20日　初版印刷
2014年5月30日　初版発行

著　者　　渡辺麻紀
発行者　　小野寺優
発行所　　株式会社河出書房新社
　　　　　〒151-0051
　　　　　東京都渋谷区千駄ヶ谷 2-32-2
　　　　　電話 03-3404-1201（営業）
　　　　　　　 03-3404-8611（編集）
　　　　　http://www.kawade.co.jp/

印刷・製本　図書印刷株式会社
Printed in Japan ISBN978-4-309-28438-5

落丁本・乱丁本はお取り替えいたします。本書のコピー、スキャン、デジタル化等の無断複製は著作権法上での例外を除き禁じられています。本書を代行業者等の第三者に依頼してスキャンやデジタル化することは、いかなる場合も著作権法違反となります。